W0027041

Bertold Ulsamer

NLP in Seminaren

Gruppenarbeit erfolgreich gestalten

Herausgeber: Prof. Dr. Hardy R. Wagner

Bertold Ulsamer

NLP in Seminaren

Gruppenarbeit erfolgreich gestalten

Die Deutsche Bibliothek - CIP-Einheitsaufnahme

Ulsamer, Bertold:
NLP in Seminaren : Gruppenarbeit erfolgreich gestalten /
Bertold Ulsamer. - 2. Aufl. - Offenbach : GABAL, 1996
  ISBN 3-923984-87-1

Titelillustration: G.E.L.D. Kreation, Bremen
Cover: image team, Bremen
Textillustrationen: Martin Brosch, Berlin
Satz und Layout: image team, Bremen
Druck und Verarbeitung: rgg Druck- und Verlagshaus, Braunschweig

© 1994 by GABAL Verlag GmbH, Offenbach

Alle Rechte vorbehalten. Vervielfältigung, auch auszugsweise, nur mit schriftlicher Einwilligung des Verlages.

Verlagsinformationen:
Jünger Service, Schumannstr. 161, 63069 Offenbach
Tel.: 069 / 84 00 03-22 (-0) Fax: 069 / 84 00 03-33

Inhaltsverzeichnis

Geleitwort des Herausgebers 7

Was dieses Buch will 9

Was ist NLP? 11

NLP und die Rolle des Trainers 17

1. Die Ressourcen von Teilnehmern wecken und nutzen 21

1.1 Innere Bilder nutzen 30

1.1.1 "Im Bild sein" 34

1.1.2 Probleme werden zu Zielen 47

1.1.3 Abstand nehmen 58

1.2 Die erste Stunde im Seminar 66

1.3 Spielregeln sind nützlich 82

1.4 Teilnehmer finden eigene Lösungen 89

1.5 Die unterschiedlichen Wahrnehmungsstile berücksichtigen 105

1.6 Kleingruppen als Quelle von Resourcen 108

1.7 Bewegungen und Entspannung 115

2. Trainer nutzen die eigenen Ressourcen	125
2.1 Entspannung und Kraft	125
2.2 Flexibilität	128
2.3 Die eigenen Grenzen erweitern	135
3. Das Seminarklima	143
Literaturverzeichnis	151

Geleitwort des Herausgebers

Das Thema NLP hat in den letzten Jahren in ständig zunehmendem Maße viele Menschen - vor allem natürlich Trainer - fasziniert. Der ursprünglich als fast "exotisch" bzw. abstrakt empfundene Begriff Neuro-Linguistisches Programmieren und seine Umsetzung gehören inzwischen im Weiterbildungs- und Trainingsbereich zur "Standard-Ausstattung".

Dies war noch ganz anders, als der GABAL Verlag im Jahre 1987 den "Einstieg in das NLP" veröffentlichte. Dieser Einführungsband ist nach wie vor aktuell und gilt als Standardwerk; er erschien 1995 in der 8., völlig überarbeiteten und erweiterten Auflage. Bereits 1991 wurde er durch die "Exzellente Kommunikation mit NLP" von Bertold Ulsamer - inzwischen in der 3. Auflage erschienen - auf einem speziellen, aber sehr breiten Anwendungsbereich ergänzt.

"NLP in Seminaren" ist eine weitere Ergänzung der beiden vorgenannten GABAL-Publikationen, und zwar ein künftig sicherlich unverzichtbarer Ratgeber für alle, die mit Gruppen arbeiten, also für Trainer, Weiterbildner und Dozenten, aber auch für Vorgesetzte sowie für alle Menschen, die an einem tieferen Einblick in die faszinierenden Hintergründe der vielfältigen Möglichkeiten von NLP interessiert sind.

NLP ist eigentlich keine "Methode", sondern vielmehr eine Zusammenfassung von vielen Erkenntnissen, die aus der Praxis heraus entwickelt worden sind und in zahlreichen und unterschiedlichen Bereichen praktisch genutzt werden. Was viele Trainer an dem Einsatz des NLP begeistert, ist seine zunächst überraschende Vielseitigkeit. Es gibt kaum ein Thema oder eine Methode im Bildungsbereich, die nicht kompatibel ist mit den Kern-Aussagen des NLP. Durch die Integration von NLP findet im Trainingsbereich eine permanente "Verankerung" statt, so daß die Stoffvermittlung auf sehr unterschiedliche und dem Inhalt besonders angemessene Weise unterstützt werden kann.

Aufbau und Inhalt des vorliegenden Bandes sind praxisorientiert und so konzipiert, daß erfahrene Trainer die neuen Erkenntnisse aufgrund der zahlreichen Aufgaben und Beispiele leicht in der eigenen Seminarpraxis umsetzen können. Sicher wird das Buch aufgrund des Themas und der Fachkompetenz des Autors eine weit über den Trainingsbereich hinausgehende Zielgruppe ansprechen.

Wir wünschen dieser besonderen NLP-Publikation eine gute Aufnahme auf dem Markt und freuen uns auf die Resonanz unserer Leser. Positives hören wir gerne, Verbesserungsvorschläge bringen uns weiter. Beides ist für Autor und Verlag wichtig!

Offenbach / Speyer, im Frühjahr 1996

Prof. Dr. Hardy Wagner
- Herausgeber -

Was dieses Buch will

Das Buch enthält Grundsätzliches über Lehren und Lernen für Trainer, die Seminare in der beruflichen Weiterbildung durchführen. Dabei ist der Hintergrund das Neuro-Linguistische Programmieren (NLP).

Mein Bestreben hier ist, kompliziertes Wissen auf seine einfachen Grundbausteine zurückzuführen. Diese Grundbausteine enthalten Einstellungen, Haltungen und ein Verständnis für wichtige Prozesse in Seminaren. Spezielle Techniken und Methoden können Sie, liebe Leserin, lieber Leser, in anderen NLP-Büchern finden, wenn Sie die folgenden Themen weiter vertiefen wollen.

Kompliziertes Wissen auf Grundbausteine zurückführen

Dies hier ist kein Einführungsbuch in NLP oder ein Übersichtsbuch über NLP. Davon gibt es bereits genug. Das Buch hat auch nicht den Anspruch, Trainern einen umfassenden Überblick zu geben, wie sie NLP nutzen können. Vom Leser wird nicht erwartet, daß er Vorkenntnisse in NLP hat!

Das Buch richtet sich an meine Trainerkollegen und -kolleginnen. Es will ihnen Anregungen geben, wie sie ihre Seminare noch erfolgreicher gestalten können. Dabei geht es vor allem um Seminare aus dem Bereich des Führungs- und Verkaufstrainings, des Selbstmanagements und der Persönlichkeitsentwicklung.

An wen richtet sich dieses Buch?

"NLP in Seminaren. Lernen erfolgreich gestalten" entsteht aus meiner eigenen Praxis als Trainer, der seit über 10 Jahren NLP in Seminaren zu den Themen Teamarbeit, Führung, Verkauf und Selbstmanagement nutzt.

Über NLP hinaus ist es eine persönliche Zusammenstellung dessen, was für mich bei der Leitung von Seminaren wichtig ist.

Den Blickwinkel erweitern

Jeder von uns hat einen anderen Blickwinkel. Jeder hat andere Vorlieben und Stärken. Überprüfen Sie als Leser das vorgefundene Material mit den eigenen Erfahrungen und erweitern Sie es damit.

Am besten nutzen Sie den Inhalt des Buches, wenn Sie sich Zeit, Papier und einen Bleistift nehmen und Fragen und Aufgaben, die in dem Buch auftauchen, gleich beantworten und lösen.

Was ist NLP?

Die meisten Anregungen in diesem Buch finden ihren methodischen Boden im Neuro-Linguistischen Programmieren, dem NLP. In den 70er Jahren entwickelten Richard Bandler und John Grinder die ersten Grundlagen. Später schloß sich eine Reihe von intelligenten Kommunikationsforschern an und erweiterte dieses Wissen. Auch heute geht die Entwicklung von NLP immer weiter. So wird beispielsweise inzwischen daran gearbeitet, die spirituelle Seite des Menschen in das NLP zu integrieren.

Die Entwicklung geht immer weiter

Ende der 70er Jahre fanden die ersten Seminare in NLP, das damals noch völlig unbekannt war, in Deutschland statt. Anfang der 80er Jahre starteten die ersten Weiterbildungen und jetzt, nach über 10 weiteren Jahren, "boomt" NLP. Große Buchhandlungen haben in der psychologischen Abteilung spezielle NLP-Fächer. Verlage spezialisieren sich auf diese Richtung. Eine eigene NLP-Zeitung MultiMind existiert seit 1992.

NLP auf vielen Ebenen

NLP hat sich zur Aufgabe gemacht, exzellente Leistungen zu untersuchen. Was macht jemand, der beispielsweise hervorragend auf Menschen unterschiedlichster Herkunft eingehen kann, sei es als Führungskraft, Verkäufer, Trainerin oder Coach? Was machen er und sie anders als das Mittelmaß? Wie kommt es, daß jemand Leute begeistern kann, die besten Qualitäten in ihnen findet, während ein anderer nur Mittelmaß entdeckt? Was sind die "Bausteine" seiner Einstellungen, seines Denkens, seines Verhaltens? Wie lassen sie sich erforschen, lehren und vermitteln?

NLP untersucht exzellente Leistungen

Diese Themen sind für jeden faszinierend, dessen Ziel es ist, andere auf dem Weg zu neuem Denken und Verhalten zu

Exzellenz verstehen

unterstützen. Sie, liebe Leserin, lieber Leser, haben in Ihren Sternstunden etwas von dieser Exzellenz. Als Trainerin und Trainer kennen Sie Themen und Übungen, mit denen Sie eine große und positive Wirkung bei Ihren Teilnehmern erzielen. Ein "NLP'ler", der Sie bei Ihrer Arbeit beobachtet, würde formulieren: Hier wenden Sie bereits NLP an. Er könnte Ihnen beschreiben, was Sie genau tun, und warum das, was Sie tun, wirkt. Und wenn Sie Ihre Exzellenz durchschaut haben, können Sie sie häufiger und gezielter einsetzen!

Gemeinsamkeiten der Exzellenz

Die NLP-Forscher haben festgestellt, daß Menschen, die exzellent im Umgang mit anderen sind, bestimmte Gemeinsamkeiten haben. Bewußt oder unbewußt wird ihr Handeln von bestimmten Annahmen oder Grundhaltungen geleitet. Zwischen den Grundhaltungen, den Methoden und Techniken des NLP besteht eine ständige Wechselwirkung. Diese Grundhaltungen sind dabei eine Art Arbeitshypothese.

Vertrauen in das eigene Potential

Betrachten wir beispielsweise die Grundhaltung "Vertrauen in das menschliche Potential". Je mehr Sie ein solches Vertrauen auch in eigenes Verhalten umformen können, desto weitreichender werden die Wirkungen sein.

Wollen Seminarteilnehmer sich verändern?

Trainer Rau ist der Überzeugung, daß sich Seminarteilnehmer im Grunde genommen wenig oder gar nicht verändern wollen und deshalb nur unter Druck neues Verhalten annehmen. Ihm ist es deshalb wichtig, daß Disziplin im Seminar herrscht und daß Aufgaben, die gestellt werden, von allen genau erfüllt werden. Wehe, es will sich jemand drücken! Dann kann der sonst oft witzige Rau sehr unangenehm werden. Seine Einstellung ist: "Es gibt viele Menschen, denen fehlen wichtige Fähigkeiten. Meine Arbeit im Seminar ist es, sie ihnen beizubringen."

Trainer-Grundhaltungen

Seine langjährige Trainingserfahrung bestätigt ihm, wie recht er mit seinem Vorgehen hat. Denn immer wieder stößt er auf Teilnehmer und Teilnehmerinnen, die in seinen Seminaren lustlos und unwillig sind, viel kritisieren und sich vor Aufgaben drücken wollen.

Es fehlen wichtige Fähigkeiten!

Trainer Schulze ist anderer Meinung. Er ist der Überzeugung, daß im Grunde genommen jeder Teilnehmer und jede Teilnehmerin seiner Seminare dazulernen und seinen Horizont erweitern will. Er darf bloß keine Angst haben, sich bei Fehlern bloßzustellen oder zu blamieren. Deshalb sorgt er von Anfang an dafür, daß sich die Teilnehmer sicher fühlen und das Gefühl haben, neue Dinge ausprobieren zu dürfen. Kleine Fortschritte sieht er sofort und lobt sie. Fehler bespricht er, um daraus lernen zu können. Langjährige Erfahrungen geben ihm recht. Immer wieder freut er sich darüber, wie engagiert sich seine Teilnehmer an neues Verhalten wagen. Immer wieder genießt er am Seminarende das Feedback, wie entspannt und angenehm das Lernen in seinem Seminar war und wieviel jeder gelernt hat.

Im Grunde will jeder!

Feedback gibt Aufschluß

AUFGABE

Welcher Trainer hat recht?
Welcher Meinung neigen Sie mehr zu?
Welche Erfahrung haben S I E mit Teilnehmern gemacht?

Das Verblüffende an den Überzeugungen von Rau und Schulze ist, daß jeder von beiden über genügend Erfahrungen berichten kann, die seine Meinung stützen. Genauso werden Sie für Ihre eigene Auffassung eine Menge Beweise anführen können!

Wer hat recht?

NLP betont: Wir müssen nicht entscheiden, wer von beiden recht hat, also im Besitz "der Wahrheit" ist. Es geht nicht darum, möglicherweise mit wissenschaftlichen Experimenten herauszubekommen, ob Menschen an und für sich gerne lernen oder nicht.

Auf das Ergebnis kommt es an

Was interessiert, ist: Mit welcher von beiden Annahmen und Haltungen werden größere Erfolge erzielt? Bei welchem Trainer lernen die Teilnehmer mehr? Auf das Ergebnis kommt es an!

Was ich erwarte, werde ich bekommen

Viele psychologische Experimente haben gezeigt: Was ich von jemand anderem erwarte, das werde ich auch bekommen. Wenn ich jemandem vertraue, dann wird er seine vertrauenswürdigen Seiten zeigen. Auf der anderen Seite: Erwarte ich von meinen Teilnehmern, daß sie unkooperativ, faul und verantwortungslos sind, dann werde ich diese Eigenschaften in ihnen wecken.

Vertrauen in das Potential seiner Mitmenschen ist also eine der wichtigsten Eigenschaften, um das Beste in jedem Mitarbeiter oder Teilnehmer wachsen zu lassen.

Deshalb lautet eine erste Grundeinstellung des NLP:

GRUNDSATZ

Jeder Mensch hat alle nötigen Fähigkeiten und Erfahrungen, um sein Leben erfolgreich zu führen, seine Schwierigkeiten zu bewältigen und gewünschte Veränderungen zu erzielen. Es ist sinnvoller, diese Stärken und positiven Seiten eines Menschen zu nutzen - statt zu versuchen, Fehler zu bekämpfen und zu unterdrücken.

Diese Einstellung wurde von Menschen abgeschaut, die besonders erfolgreich waren, andere zu unterstützen. Je mehr ich an die Fähigkeiten von anderen glaube, desto mehr wecke ich diese Fähigkeit. Und umgekehrt: Wenn ich jemandem nichts zutraue, wird er auch nichts leisten.

Positive Seiten nutzen

Der erfolgreiche Trainer wird also der sein, der überzeugt ist: Jeder meiner Teilnehmer ist bereits im Besitz aller erforderlichen Fähigkeiten und Erfahrungen, um z. B. kooperativer im Team zu arbeiten, erfolgreicher auf Kunden einzugehen oder um seine Zeit besser in den Griff zu bekommen.

Wer ist der erfolgreiche Trainer?

Meine Aufgabe als Trainer ist es, diese Fähigkeiten wieder in den Teilnehmern lebendig zu machen!

NLP und die Rolle des Trainers

Eine der wichtigsten Aufgaben des Trainers ist es, schon vorhandene Fähigkeiten zu wecken. Er unterstützt die Teilnehmer, ihre Fähigkeiten für Problemfelder nutzbar zu machen. Trainer sind nach dieser Sichtweise nicht Fachleute für ein bestimmtes **Ergebnis**, z. B. wie der unsichere Teilnehmer den Konflikt mit seinem Kollegen, Kunden oder Chef am besten löst. Statt dessen ist der Trainer Fachmann für den **Prozeß, wie der Teilnehmer den für ihn besten Weg findet**, diesen Konflikt erfolgreich zu lösen. Wegen der Bedeutung dieser Haltung sei sie noch einmal wiederholt: Der Trainer ist kompetent darin, die Ressourcen der anderen zu wecken. Er kennt die richtigen Fragen, um die Teilnehmer und Kollegen zu den eigenen erfolgreichen Lösungen anzuregen. Er hat **nicht** die Aufgabe zu wissen, wie man ein bestimmtes Problem löst.

Der Trainer ist Fachmann für den Prozeß

Der Trainer ist nicht Problemlöser

Natürlich gibt es bei mancher Trainerarbeit eine Menge sachliches Wissen zu vermitteln, z. B. bei einer EDV-Schulung. Hier ist der Trainer auch als inhaltlicher Fachmann gefragt. Aber je mehr es in den Bereich der Verhaltensänderung geht, desto mehr geht es in der Arbeit des Trainers darum, Fachmann für den Lernprozeß zu sein.

Bei meinem Einstieg in die Trainerarbeit nahm ich an einem Verkaufsseminar teil, das mir wie im Bilderbuch die ergebnisorientierte Trainerarbeit zeigte. Der Trainer, sehr gewandt und überzeugend, demonstrierte die Argumentation im Preisgespräch. "Wenn der Kunde sagt, das ist zu teuer, dann machen Sie folgendes: ..." Dann fügte er zwei Sätze an (die ich inzwischen vergessen habe), teilte sie in fünf Satzteile auf und demonstrierte den Teilnehmern die

Beispiel aus der Trainerpraxis

Die richtige Verkaufsargumentation

richtige Betonung und die richtige Gestik zu jedem Satzteil. "Genau so müssen Sie es machen und nicht anders! Das wirkt." Das demonstrierte er mehrmals, dann ging er zum nächsten Kundenargument weiter.

Die Teilnehmer und Teilnehmerinnen im Seminar waren sehr beeindruckt und an Folgeseminaren für alle weiteren Argumentationen und Verkaufsgespräche interessiert. Womit erwiesen war, daß dieser Trainer selbst ein guter Verkäufer war (zumindest für seine Seminare).

Wundertechniken, die nicht wirken

Allerdings waren die Teilnehmer auf ein fehlerhaftes Produkt hereingefallen. Als ich nämlich zwei der im Seminar so begeisterten Teilnehmer 14 Tage später traf, waren sie sehr ernüchtert. Denn die demonstrierten Wundertechniken hatten bei ihren Kunden nicht gewirkt. Sie waren sich auch bald komisch vorgekommen und deshalb schnell wieder zu dem eigenen altbekannten Verkaufsstil zurückgekehrt. Sie fanden das schade, denn bei der Trainerdemonstration hatte es doch so wirkungsvoll ausgesehen.

Der Trainer tut so, als ob er Lösungen wüßte

Dieses krasse Beispiel aus der Praxis kommt aus einem Seminar, bei dem der Trainer Fachmann für das Ergebnis sein wollte. In dieser Rolle kennt der Trainer jeweils die beste und einzig richtige Lösung - oder vielmehr: Er tut so, als ob er sie wüßte. Er erwartet von den Teilnehmern, daß sie dieses Verhalten lernen und übernehmen.

Mit dieser Zielsetzung wird ein Trainer aber nicht der Unterschiedlichkeit und der Vielfalt seiner Teilnehmer gerecht. Er wird einige, manchmal viele Teilnehmer, kaum aber alle erreichen. Dazu sind Menschen und ihre Lebenssituationen zu unterschiedlich.

FRAGE

Wie sehr nutzen und fördern Sie als Trainer die Eigenverantwortung Ihrer Teilnehmer?

Die Verantwortung für seine Ziele hat der Teilnehmer. Der Trainer kann ihn zwar bei der Zieldefinition unterstützen, aber sie ihm nicht vorsetzen. Der Trainer ist Fachmann für den Weg zur Zielbestimmung und zur Zielerreichung. Mit Fragen und Techniken unterstützt er die Teilnehmer, die Ziele zu erreichen, die sie, die Teilnehmer, erreichen möchten.

Zielbestimmung ist Teilnehmerentscheidung

1. Die Ressourcen von Teilnehmern wecken und nutzen

Eine der hilfreichsten begrifflichen Unterscheidungen, die NLP macht, ist die Unterscheidung zwischen zwei entgegengesetzten Zuständen, in denen wir uns befinden können:

Unterscheidung Ressourcen und Blockade

- der gute Zustand, der Zustand der Ressourcen: wach, lebendig, kraftvoll, energiegeladen und/oder entspannt
- der schlechte Zustand, der Zustand der Blockade: angespannt, gestreßt, nervös, kraft- und energielos, deprimiert und/oder ausgelaugt.

Der Zustand der Ressourcen sollte (eigentlich) unser Normalzustand sein. In ihm können wir alle unsere Fähigkeiten nutzen. Wer häufig in diesem Zustand ist, wird über kurz oder lang beruflich und privat Erfolg haben. So verwirklichen wir unser ganzes Potential. Leider ist dieser optimale Zustand für viele (noch) eine seltene Ausnahme. Im Seminar sind die Teilnehmer im Zustand der Ressourcen aktiv. Sie nehmen Anteil, kritisieren spontan, wenn ihnen etwas nicht gefällt, geben Anregungen und machen Verbesserungsvorschläge.

Zustand der Ressourcen

Aktiv verarbeiten sie den Lernstoff und gewinnen neue Einsichten. Sie nehmen sich von den Seminarinhalten, was zu ihnen paßt und formen es nach ihren Bedürfnissen um.

Im schlechten Zustand ist jemand von seinem Potential und seinen Ressourcen abgeschnitten. Er ist blockiert. Geistig und körperlich befindet er sich entweder auf niedriger Energiestufe oder in einer stressigen Überspannung. Die Gedanken

Zustand der Blockade

kreisen, ohne daß sie zu sinnvollen Handlungsschritten führen. Negative Gefühle überschwemmen ihn, ohne daß er aus ihnen herausfindet.

Wer in diesem Zustand Entscheidungen treffen oder Probleme lösen will, wird ständig unsicher hin- und herschwanken. Ihm fehlen in diesem Moment die Intelligenz und die Kraft, die für gute Entscheidungen oder Problemlösungen erforderlich sind.

Im Seminar sind die Teilnehmer häufig körperlich ausgelaugt, müde und erschöpft. Sie fühlen sich unter Druck, sind angespannt und gereizt. Lernstoff wird schwer aufgenommen. Neue Gedanken werden abgelehnt. Jeder (meist dann auch der Trainer) wartet sehnsüchtig auf die nächste Pause.

Was bringt Spitzensportler zum Erfolg?

An dieser Stelle ist ein Ausflug in die Welt der Höchstleistungen von Spitzensportlern aufschlußreich. James Loehr trainiert seit vielen Jahren höchst erfolgreich in den USA Spitzensportler. Dabei befragt er sie immer wieder über ihre Einstellungen und ist zu faszinierenden Ergebnissen gekommen, die er in Deutschland bereits in zwei Büchern veröffentlicht hat.

Positive Energie Negative Energie

Loehr unterscheidet aufgrund seiner Befragungen folgende Zustände: Den Zustand hoher Energie und den Zustand geringer Energie. Den Zustand hoher Energie unterteilt er in positive hohe Energie = Freude und Begeisterung und negative hohe Energie = Druck und Angst. Geringe Energie teilt er auf in positive geringe Energie = Gelassenheit und Heiterkeit und negative geringe Energie = Langeweile und Lustlosigkeit.

Von fünfzig Höchstleistungen, die geprüft wurden, ereigneten sich alle fünfzig ohne Ausnahme im Zustand der "hohen positiven Energie" von Freude und Begeisterung. Nicht eine einzige herausragende Leistung konnte mit einem anderen Energiezustand in Verbindung gebracht werden. Alle späteren Auswertungen von Maximalleistungen quer durch sieben verschiedene Sportarten führten zu dem gleichen Ergebnis.

Die Grundlagen von Höchstleistungen

Durch die Befragungen der Spitzenathleten ergab sich folgendes Bild: Eine gute Leistung erfordert Energie. Negative Energie ist besser als gar keine Energie. Jedoch lag die beste Leistung aus dem Bereich hoher negativer Energie nur bei 60 %, also bei etwas mehr als der Hälfte des geschätzten Leistungspotentials eines Athleten! Mit anderen Worten: Unter Druck und Angst ist nur eine Leistung knapp über dem Durchschnitt möglich.

Negative Energie bringt durchschnittliche Leistung

Wenn wir diese Ergebnisse auf ein Seminar übertragen, dann gilt: Der optimale Leistungszustand entsteht in einem Klima von hoher positiver Energie. Sie ist die beste Voraussetzung, um das ganze Potential der Teilnehmer ausschöpfen zu können. Bei hoher positiver Energie, damit ist gemeint Freude, Interesse, Begeisterung, engagieren sich die Teilnehmer, sind offen und energiegeladen und nehmen eine Fülle von Veränderungen und Anregungen für ihren Alltag mit.

Positive Energie bringt optimale Leistung

Schlecht ist ein Zustand, bei dem viel Energie da ist, aber in der negativen Form von Druck und Angst. Die Teilnehmer werden bestenfalls die Hälfte ihres Potentials nutzen können. Schauen wir uns ein Beispiel an:

Verhalten als abschreckendes Beispiel zitieren?

Wenn Verkäufer Müller zu Kunden fährt, um ihnen die neuen Computerprogramme vorzustellen, bringt er seltener als andere Aufträge mit nach Hause. Seine Chefin schickt ihn deshalb zur Verkaufsschulung. Bereits das erste Rollenspiel von Müller vor der Videokamera geht so sehr daneben, daß es Trainer Rau im Laufe des Seminars immer beiläufig als abschreckendes Beispiel, wie man es nicht machen soll, verwendet. Müller versucht, sich nichts anmerken zu lassen, beißt die Zähne zusammen und lacht etwas gequält mit. "Ich habe schon Schlimmeres überlebt", sagt er sich. Befreit atmet er auf, als er die zwei Tage überstanden hat. Leider bleibt trotz des Seminars seine Erfolgsquote auch in den nächsten Monaten unverändert ...

Wann Lernen unmöglich ist

Müller ist das ganze Seminar hindurch angespannt und in Verteidigungshaltung gewesen. Er war blockiert. In diesem Zustand ist Lernen für ihn sehr schwierig, wenn nicht unmöglich.

Ressourcen wecken – aber wie?

Je besser jemand seine Ressourcen zur Verfügung hat, desto schneller und desto einschneidender werden seine Einsichten, Verhaltensänderungen und Lernschritte sein. Deshalb ist es wichtig, daß Seminarteilnehmer in den Zustand ihrer Ressourcen gelangen.

Ein Beispiel aus meiner Praxis mag die Umsetzung verdeutlichen:

Problemlösung und Selbstmanagement

In einem Seminar mit einem langjährigen Kunden: Die Geschäftsführer treffen sich für zwei Tage. Zum einen möchten sie die Probleme, die sie miteinander haben und die bei den regelmäßigen Geschäftsführermeetings unter den Tisch fallen, ansprechen und klären. Zum anderen möchten sie etwas für sich persönlich tun, indem sie sich mit Fragen des Selbstmanagements und der Persönlichkeitsentwicklung beschäftigen.

Zwei Aufgaben sind also von mir als Trainer gefordert: einmal die internen Problemklärungen zu moderieren und zum anderen Themen aus dem Bereich Selbstmanagement einzuführen.

> **AUFGABE**
>
> **Wenn Sie als Trainer diese Vorgabe hätten - wie würden Sie das Seminar aufbauen?**

Wie ist der geschickteste Aufbau? Es gibt mehrere Möglichkeiten: Man könnte anfangen mit der Klärung der Teamprobleme und als "Schmankerl" den Bereich Persönlichkeitsentwicklung anschließen. Der umgekehrte Weg wäre, mit den persönlichen Themen zu beginnen und anschließend an die gemeinsamen Probleme zu gehen. Eine dritte Variante wäre, das Ganze zu mischen. Erst ein Stückchen Persönliches, dann wieder Probleme der Zusammenarbeit ansprechen, dann wieder Persönliches usw.

Erst Teamprobleme oder erst Persönliches?

Der herkömmliche Weg ist wohl der erste. Wenn ein Thema aus der beruflichen Praxis ansteht, wie hier die Probleme im Team, dann ist es üblich, erst dieses Thema zu bearbeiten und hernach in die "persönlichen Tiefen oder Höhen zu steigen". Nach dem Motto: Erst die Arbeit, dann das Spiel. NLP macht es genau umgekehrt. Zunächst einmal sind möglichst viele Ressourcen zu wecken. Dann gilt es, diese Kräfte mit in schwierige Situationen hinüberzunehmen. Dorthin, wo sie gebraucht werden.

Wie macht es NLP?

> **GRUNDSATZ**
>
> **Erst die Ressourcen wecken – und dann mit den Ressourcen als Grundlage arbeiten.**

Optimale Basis für schwierige Gespräche

Für eine Situation, wie die oben beschriebene, gilt daher: Der Zustand der Ressourcen ist die optimale Basis für schwierige Gespräche. Damit ist das Verständnis für die Position des anderen leichter gegeben und Lösungen lassen sich schneller finden.

Je mehr Probleme sich im Untergrund aufgestaut haben, desto wichtiger ist der positive Rahmen, in dem diese Probleme angesprochen werden. Denn ist kein positiver Rahmen da, dann können selbst aus kleinen Mißhelligkeiten weitreichende Auseinandersetzung erwachsen.

Die sinnvolle Reihenfolge ist deshalb, in einem ersten Schritt für einen Zustand der Ressourcen zu sorgen und erst im zweiten Schritt die Probleme anzusprechen.

Erst die Ressourcen wecken – und dann arbeiten

Im Seminar mit den Geschäftsführern schlage ich den Weg ein, am ersten Tag im Bereich Selbstmanagement an eigenen Zielen und den inneren ressourcevollen Bildern zu arbeiten, um die eigenen Kräfte stärker ins Seminar zu bringen. Trotz anfänglicher Schwierigkeiten tauen die Teilnehmer innerhalb dieses Tages sehr auf. Obwohl die meisten schon lange zusammenarbeiten, lernen sie wieder neue Seiten vom anderen kennen und schätzen.

Die Bedeutung des guten Einstiegs

Am zweiten Tag widmen wir uns den konkreten Auseinandersetzungen. Sie sind schwierig und die Positionen verhärtet. Zwischendurch kühlt die Stimmung bis zum Gefrierpunkt ab. Schließlich wird mit Mühe ein Teilkonsens gefunden. Aber: Beim Auswertungsgespräch äußern alle Teilnehmer übereinstimmend die Meinung, daß ohne die gute Grundlage des ersten Tages der zweite Tag noch problematischer verlaufen wäre.

Jeder Trainer sollte daher zunächst immer darauf achten, daß sich sein Gegenüber oder die Gruppe, mit der er es zu tun hat, in einem guten Zustand befindet.

Fühlt sich die Gruppe in einem guten Zustand?

Dazu braucht er seine Augen und Ohren. Wie sehen seine Teilnehmer aus? Müde? Angespannt? Desinteressiert? Mit hängenden Schultern? Oder leuchten ihre Augen und die Bewegungen sind dynamisch? Wie klingen ihre Stimmen? Aggressiv? Monoton? Ist Leben in dem, was sie sagen?

> **ANREGUNG**
>
> Achten Sie das nächste Mal in Ihrem Seminar bewußt darauf: In welchem Zustand befinden sich die Anwesenden? Denken Sie sich eine Skala von 0 = völlig blockiert - bis 100 = energiegeladen und engagiert - und schätzen Sie den aktuellen "Thermometerstand". Achten Sie darauf, welche Themen und Übungen den "Thermometerstand" und die Energie erhöhen und welche sie verringern.

Ein Ausdruck eines "guten Zustandes"

So ist beispielsweise mein persönlicher Maßstab dafür, daß ein Seminar ein Erfolg wird, wenn am zweiten Tag immer wieder Gelächter während des Seminars oder in den Pausen aufkommt. Daran erkenne ich, daß Ressourcen geweckt worden sind und noch mehr wach werden. Ein weiteres Beispiel:

Was kann man mit NLP machen?

Eines meiner ersten Akquisitionsgespräche bezüglich NLP-Seminaren hatte ich mit dem Weiterbildungsleiter einer Bank, Herrn Müller. "Was ist denn NLP genau?", wollte er von mir wissen. Meine ersten Antworten waren ihm zu theoretisch. "Ich habe da eine Situation", sagte er mir. "Was hätten Sie denn da mit NLP gemacht?" Die Situation war folgende: Müller war der Leiter einer Projektgruppe zum Thema "Alkohol im Unternehmen und Umgang mit Alkoholikern". Zu Beginn einer Sitzung meinte ein Kollege: "Die müßte man alle rauswerfen." Müller reagierte unbeherrscht und fuhr ihn wegen der Unmenschlichkeit an. Hinterher fand er seine Reaktion zu heftig und unpassend. Jetzt wollte er von mir wissen, was er mit NLP hätte anders machen können. Auf diese Weise gefordert, kramte ich in meinem Repertoire und machte ihm eine Reihe von Vorschlägen. Aber alles, was ich Müller als Handlungsalternativen anbot, paßte ihm nicht. Schließlich war er recht enttäuscht und brach das Gespräch ab.

In meiner NLP-Übungsgruppe konnte ich diese Situation analysieren. Als mein Kardinalfehler stellte sich heraus, daß ich NLP nicht angewendet, sondern versucht hatte, verbal zu vermitteln.

Ein Kardinalfehler: NLP nicht anzuwenden

Mein Gesprächspartner fühlte sich offensichtlich unwohl wegen seiner heftigen Reaktion gegenüber seinem Kollegen. Er hatte Schuldgefühle und war damit teilweise "blockiert". Meine Vorschläge nahmen ihm dieses Gefühl nicht, sondern verstärkten es eher noch. Denn jede meiner Antworten bedeutete für ihn: "Du hättest auch anders handeln können." Das verschlimmerte sein schlechtes Gefühl. Kein Wunder, daß ich für ihn ein unangenehmer Gesprächspartner war und er froh war, als ich ging!

NLP anzuwenden, hätte folgendes Vorgehen bedeutet: Da er sich in einem blockierten Zustand befand, wäre der erste wichtige Schritt gewesen, ihn wieder in einen guten Zustand zu führen. Dann wäre er selbst in die Lage gekommen, Lösungsideen zu entwickeln.

NLP anzuwenden sieht so aus:

AUFGABE

Was könnten Sie in dieser Situation sagen oder tun, um den Weiterbildungsleiter aus seinem schlechten Zustand herauszuführen?

Ein möglicher erster Schritt ginge dahin, ihn vom schlechten Gewissen zu entlasten, indem Müller das Positive in dem gezeigten Verhalten sieht und schätzt. Denn manchmal kann es gut für andere sein, eine spontane emotionale Reaktion zu erhalten. Genauso ist es wichtig für einen selbst, klar die eigenen Werte (wie Verständnis für Mitmenschen, auch für Alkoholiker) gegenüber anderen zu vertreten.

Positives Verhalten hervorheben

Durch diese Gedanken wird Müller ein Stück weit entlastet. Der nächste Schritt wäre dann, gemeinsam mit ihm eine machbare und angemessene Alternative zu entwickeln. Also etwa so:

Eigene Lösungen anregen

"Wissen Sie, Herr Müller, es geht ja gar nicht darum, sich mit irgendwelchen Methoden und Techniken die eigenen spontanen Gefühle wegzutrainieren. Manchmal kann eine spontane, ungefilterte Reaktion, so wie Ihre, für jemanden ein heilsamer Schock sein, die eigene Einstellung zu überdenken. Ihre Reaktion zeigt auch, wie wichtig Ihnen das Verständnis für Mitarbeiter, auch für solche mit Alkoholproblemen ist. Es ist gut, manchmal so etwas ganz deutlich zu machen. Aber Sie selbst scheinen nicht ganz zufrieden mit Ihrem Verhalten zu sein. Wie hätten Sie sich denn verhalten können, daß Sie hinterher zufriedener gewesen wären? Welche vergleichbaren Situationen fallen Ihnen ein, die Sie anders erfolgreich bewältigt haben?"

Weitere Möglichkeiten, auf einfache Art und Weise Ressourcen zu wecken, werden auch in den folgenden Kapiteln gezeigt.

1. 1 Innere Bilder nutzen

Die Seminarteilnehmer sitzen am Abend gemütlich bei einem Bier zusammen. Frau Schmidt erzählt beiläufig von einem Konflikt, den sie mit ihrem Gegenüber Herrn Maier vor einem Jahr hatte. Sie hatten damals unterschiedliche Vorstellungen, wie ein Problem mit Kunden zu lösen sei und gerieten darüber in Streit.

Die gegensätzlichen Meinungen kommen wieder auf den Tisch. Schnell und unerwartet weitet sich die Diskussion aus, heftig gehen die Argumente hin und her. Von Kollegialität keine Spur mehr, statt dessen stehen sich jetzt nur noch die alten Streithähne gegenüber.

> Alter Ärger wird wieder bewußt

Was ist passiert? Aus einer friedlichen Stimmung heraus sind plötzlich wieder alter Ärger, alte Aggressionen und Spannungen wach geworden. Wie läßt sich dieser Vorgang verstehen? Wir erfassen, was vorgefallen ist, wenn wir erkennen, was in den Köpfen der Beteiligten geschehen ist. Dazu ist ein kurzer Ausflug zu den Grundlagen unseres Denkens notwendig.

Durch unseren Kopf laufen ständig innere Bilder und Sätze. Manchmal sind wir uns dieser inneren Bilder und Sätze bewußt. Wenn Sie sich z. B. jetzt gerade Ihren Arbeitsplatz plastisch vorstellen, dann haben Sie ein inneres Bild vor Augen. Vielleicht erinnern Sie sich auch, wie Sie das letzte Mal bei einem Fehler "Du Dummkopf!" zu sich selbst gesagt haben.

> Der ständige Kontakt zu "inneren Bildern"

Häufig sind wir uns aber nur bewußt, daß wir "denken". Das bedeutet, daß die Bilder und Sätze so blitzschnell und vereinfacht ablaufen, daß wir sie nur abgekürzt als "Gedanken" wahrnehmen. Wenn wir uns aber etwas Zeit nehmen, dann können wir hinter den Gedanken die blitzschnell ablaufenden inneren Ereignisse wahrnehmen.

> Zeit nehmen, um innere Ereignisse wahrzunehmen

AUFGABE

Antworten Sie bitte spontan. Sie haben für Ihre nächste Hauptmahlzeit (Mittag- oder Abendessen) die Wahl zwischen Pizza, Steak, Forelle. Wofür entscheiden Sie sich?

Sie konnten sich im Bruchteil von Sekunden für eine Mahlzeit entscheiden. Dennoch sind in dem Augenblick, der ihrer Antwort vorausgeht, eine Anzahl von Denkprozessen abgelaufen. Diese Prozesse lassen sich im nachhinein mit Ruhe und Aufmerksamkeit aufschlüsseln und bewußt machen.

Ohne innere Wahrnehmung keine bewußte Entscheidung

Ohne innere Wahrnehmungen ist eine bewußte Entscheidung nicht möglich. Dabei hat jeder andere Entscheidungswege. Der eine mag eine Stimme hören, die ihm sagt: "Pizza macht dick - Forelle ist gut für Deine Linie!" Ein anderer sieht die drei Mahlzeiten vor sich stehen, betrachtet sie und registriert, bei welcher ihm das Wasser im Mund zusammenläuft. Ein dritter sieht als erstes eine verkohlte Pizza von seinem letzten Besuch beim Italiener und sagt sich: "Also auf keinen Fall Pizza!" und vergleicht dann die Bilder von Forelle und Steak.

AUFGABE

**Was war eben Ihr Entscheidungsweg?
Woher wußten Sie, welches Gericht Sie bevorzugen?**

Innere Bilder beeinflussen die Entscheidung

Wenn Sie diese Aufgabe erledigen, entdecken Sie, daß sich hinter einer schnellen Entscheidung eine Fülle innerer Vorgänge verbirgt. Innere Bilder sind ein wichtiger Bestandteil unserer gedanklichen Prozesse. Meist laufen sie unbewußt durch unseren Kopf. Aber sie entfalten die gleiche Wirkung, als hätten wir sie bewußt wahrgenommen.

Eine einfache Frage kann Ihnen das klar machen: Woher wissen Sie, wenn Sie von einer Stadtfahrt zurückkommen, welches Ihr Haus ist? Wie können Sie sicher sein? Die spontane erste Antwort von Seminarteilnehmern "Das weiß ich eben." führt nicht weit. Woher also?

Sie müssen irgendwelche Bilder in Ihrer Erinnerung gespeichert haben, die Ihnen signalisieren, daß Sie auf dem richtigen Weg sind und dann vor dem richtigen Haus stehen. Hätten Sie Ihr Gedächtnis völlig verloren und damit diese Bilder, könnten Sie nie sicher wissen, welches Ihr Haus ist.

Auf "gespeicherte" Bilder zurückgreifen

Allerdings liegen diese Bilder nicht tief vergraben, sondern sind sehr nah an unserer bewußten Oberfläche. Mit etwas Zeit und Geduld, wie bei der kleinen Übung gerade, lassen sie sich leicht an die Oberfläche bringen und erinnern.

Ein wichtiger Teil der Entdeckungen des NLP befaßt sich damit, diese inneren Bilder zu nutzen. Bei den inneren Bildern, die blitzschnell durch den Kopf ziehen, lassen sich zwei grundsätzliche Kategorien unterscheiden:

Die inneren Bilder nutzen

- Wir sind im Bild und erleben es so, als ob die Situation sich jetzt im Moment um uns abspielt.
- Wir sehen uns das Bild aus der Distanz an. Bisweilen können wir uns selbst als Teil des Bildes sehen.

Zwei grundsätzliche Sichtweisen

Jeder von uns hat Vorlieben: Der eine ist gewöhnt, möglichst viele Bilder von innen her zu erleben. Der andere schätzt mehr die Distanz und neutrale Beobachtung. Die zwei Kategorien haben unterschiedliche Wirkungen, die in den folgenden Kapiteln beschrieben werden.

Zwei Sichtweisen mit unterschiedlicher Wirkung

Nutzen innerer Bilder

1.1.1 "Im Bild sein"

Beobachten wir genau, was in der vorher beschriebenen Szene am Biertisch ablief.

Frau Schmidt schildert den Konflikt, den sie mit Maier hatte. Ihr Gesicht wird dabei rot. Sie fängt an, mit den Armen zu gestikulieren. Maier entgegnet und berichtet lautstark, daß er schon damals gesagt habe, daß Frau Schmidt die Situation völlig falsch sehe. Der Tonfall wird bei beiden heftiger.

Die Zuhörer am Tisch beobachten, daß beide sich bei diesem Streit immer mehr vergessen und völlig von dem Geschehen, das sie berichten, gefangen sind.

Die Körpersprache von Frau Schmidt und Herrn Maier verrät, daß die alte Auseinandersetzung wieder auflebt. Es ist so, als ob beide die alte Situation ein zweites Mal erleben würden.

Was verrät die Körpersprache?

Was dabei innerlich geschieht: Beide schlüpfen in die Erinnerungsbilder hinein. Vor ihrem inneren Auge sehen sie sich mit dem gleichen Gesichtsausdruck wie damals. Sie befinden sich wieder in dem gleichen Raum wie vor einem Jahr und hören genau die Worte, die damals gefallen sind.

Wenn jemand sich auf diese Weise in ein Bild aus der Erinnerung hineinversetzt, dann erlebt er die Gefühle aus dieser Situation wieder. Es läuft dann eine Art inneres Theater ab, in dem er die gleiche Rolle spielt. Der Ärger schießt wieder genauso stark wie bei der ursprünglichen Auseinandersetzung hoch - obwohl die Situation möglicherweise schon über ein Jahr vergangen ist. Jemand ist "im Bild", er ist nach dem Fachbegriff "assoziiert".

Gefühle aus alten Situationen wieder erleben

GRUNDSATZ

Wer "im Bild" ist, erlebt die Gefühle aus dieser Situation.

Sind es negative Situationen, dann kommen wir durch das Wiedererleben dieser Gefühle in den alten Zustand der Blockade und der inneren Spannungen. Im obigen Beispiel ist bei Frau Schmidt durch ihr Eintreten in das alte Bild wieder der alte Ärger aufgelebt.

Motivation durch Erinnern an schlimme Situationen?

Trainerin Braun möchte gern ihre Teilnehmer zum Seminar motivieren. Sie hat sich überlegt, daß das Bedürfnis zu lernen am größten ist, wenn die Teilnehmer erkennen, wie wichtig der neue Stoff für sie sein kann. Und das werden sie sicherlich, vermutet sie, wenn sie sich an schlimme Situationen aus der Vergangenheit erinnern, in denen sie Mißerfolge hatten.

Die richtige Richtung?

Deshalb bildet Frau Braun eine Teilnehmerrunde, bei der jeder von einem gravierenden Fehlschlag erzählt. Als sie dann zu ihrem Stoff überleiten will, hat sich das Gruppenklima geändert. Die scherzhafte Stimmung, die vorher aufgekommen war, ist verschwunden. Statt dessen hängen die Teilnehmer in den Stühlen und scheinen das Interesse ganz und gar verloren zu haben.

Frau Braun hat durch ihre Übung eine starke Wirkung erzielt, allerdings in eine andere Richtung, als sie sich vorgestellt hatte.

Die Erinnerungen an die Fehlschläge bewirkten, daß negative Gefühle aus der Vergangenheit in der Gegenwart wach wurden.

Je länger ein Trainer Gespräche oder Übungen zum Thema Fehler und alte Fehlschläge durchführt, desto genauer werden die belastenden Erinnerungen. Je lebhafter diese Erinnerung ist, desto stärker wird ihre Wirkung. Irgendwann wird die Situation so erlebt, als ob sie gerade jetzt stattfände. Mit dem entsprechenden gefühlsmäßigen Resultat!

Je mehr jemand also die Aufmerksamkeit auf Fehler, Fehlschläge und Niederlagen lenkt, desto stärker werden die negativen Gefühle aus diesen Situationen wiederkommen und in der Gegenwart wirksam. Möglicherweise sinkt die Energie, und depressive Stimmung breitet sich aus. Oder Spannungen, Nervosität und Gereiztheit werden wach.

Erinnerung an Niederlagen weckt negative Gefühle

In jedem Fall nehmen die Beteiligung am aktuellen Geschehen und die Aufnahmebereitschaft für den Stoff ab. Lernen ist so erschwert oder unmöglich, Kreativität wird verhindert. Denn wer leidet, kann weder Lernstoff aufnehmen noch gute Leistungen bringen.

Beteiligung am aktuellen Geschehen sinkt

Natürlich ist es bisweilen sinnvoll und wichtig, sich mit negativen Erfahrungen aus der Vergangenheit auseinanderzusetzen. Manchmal ist es notwendig, sich - kurz! - in derartige Erinnerungen hineinzubegeben, um dann Lösungsmöglichkeiten zu entwickeln.

Aber ein längeres Verweilen in blockierten Zuständen ist sinnlos. Wer durch gezielte Fragen oder Übungen andere in negative Bilder führt, ist nach dem NLP-Verständnis dafür verantwortlich, sie mit anderen Fragen und Übungen wieder in einen positiven Zustand zu bringen. Denn in vielen Situa-

Aus negativen Zuständen herausführen

tionen ist es sehr schwer, allein und ohne Hilfe schnell aus negativen Zuständen wieder herauszukommen.

> **GRUNDSATZ**
>
> **Derjenige, der einen anderen in einen blockierten Zustand hineinführt, trägt die Verantwortung, ihn auch anschließend wieder herauszuholen.**

Teilnehmer erst einmal "fertigmachen"?

Gegen diesen sinnvollen Grundsatz verstoßen vor allem die Trainer - auch einige bekannte Startrainer -, die es genießen, in Seminaren die Teilnehmer erst einmal "fertigzumachen". Was sie damit erreichen: ängstliche, entmutigte und deshalb kritiklose Teilnehmer. Die erst niedergemachten Teilnehmer werden gegen Ende des Seminars wieder freundlich aufgebaut. Mit dem Ergebnis, daß sie dankbar und von ihrem Trainer begeistert sind.

Die Fragen bleiben offen: Was haben sie so gelernt? Können sie das Gelernte in ihr persönliches Verhalten integrieren?

Denn für erfolgreiches Lernen gilt:

> **GRUNDSATZ**
>
> **Längere Aufenthalte im blockierten Zustand sind sinnlos. Denn wer leidet, bringt weder gute Leistungen noch lernt er etwas. Ein positiver Zustand ist meist die beste Grundlage für erfolgreiches Lernen.**

Am Rande bemerkt: Das Unglück nähren?

Diese Tatsachen haben sich noch nicht überall herumgesprochen. Am Rande sei bemerkt, daß das mit ein Grund ist, warum Leute mit Problemen manchmal jahrelang vergeblich in therapeutische Gruppen gehen. Wenn sie sich in diesen Gruppen immer wieder lediglich mit ihren Problemen beschäftigen, erreichen sie dennoch keine oder wenig Veränderungen in ihrer Lebensqualität. Denn in jeder Stunde begeben sie sich intensiv in die Erinnerungen an die Probleme und geraten in die alten blockierten inneren Zustände. Was sie auf diese Weise machen: Sie nähren ihr Unglück.

Innere Bilder erzeugen aber genauso gut Ressourcen! Ob wir uns blockieren oder stärken, hängt nur vom Inhalt der Bilder ab. Wenn wir uns beispielsweise entspannen wollen, ist ein erfolgreicher Weg, in entspannende Bilder der Erinnerungen einzusteigen.

Innere Bilder erzeugen auch Ressourcen

Schneider sitzt gestreßt im Büro, als er sich an seinen letzten Urlaub am Meer erinnert. Er malt sich seinen Lieblingsplatz auf seinem Balkon genau aus, an dem er immer wieder die untergehende Sonne im Meer versinken sah. Er sieht wieder den Strand und die Wellen. Einzelheiten werden immer plastischer. Gleichzeitig breitet sich dieses wohlige Gefühl der Entspannung erneut in ihm aus.

Gegen Streß: Bilder der Entspannung

Nach drei Minuten fühlt er sich erfrischt und aufgetankt, so als ob er tatsächlich einen Ausflug an diesen Lieblingsort unternommen hätte. Jetzt nutzt er den Schwung, um sich erfolgreich seiner Arbeit zu widmen.

Wie können wir es schaffen, in diese positiven Bilder hineinzusteigen?

Einfach ist es bei Bildern, an denen wir gefühlsmäßig stark beteiligt sind. Sie ziehen uns wie von selbst hinein. Schneider braucht sich seinen Balkon nur auszumalen und schon tauchen alle guten Erinnerungen und Gefühle auf.

Gefühlsmäßig starke innere Bilder schaffen Erinnerung

Eine andere Möglichkeit ist das lebendige, plastische Erzählen. Je lebhafter ich erzähle, desto intensiver werden die begleitenden inneren Bilder. Um jemand dazu anzuregen, ist es hilfreich, immer wieder Fragen zu stellen, die die Inhalte präzisieren.

Etwa so: "Wie war das denn genau?" "Beschreiben Sie doch einmal die Einzelheiten." "Wie sah der Ort/die Person denn genau aus?"

Schließlich können wir innere Bilder in der Entspannung und im Mentalen Training intensivieren und beleben.

Positive Erinnerung für Kraft und Entspannung

Wenn ein Trainer Ressourcen wecken will, kann er positive Bilder der Teilnehmer durch seine Aufgaben intensivieren. Je farbiger und plastischer diese Bilder im Kopf der Teilnehmer entstehen, desto stärker wird ihre Wirkung. Die positiven Gefühle werden dann als Ressourcen direkt im Seminar nützlich. Über Erinnerungen an positive Ereignisse lassen sich Kraft und Entspannung in die Gegenwart holen.

Eine Gruppe von Verkaufstrainern in einer NLP-Weiterbildung erzählte mir im zweiten Seminar, daß sie eine wichtige Anwendung für das Prinzip der Ressourcen gefunden hatte.

In ihrem bisherigen Verkaufstraining fand immer zunächst eine intensive Analyse der Probleme der teilnehmenden Verkäufer statt. Das Resultat war, daß die Teilnehmer tagelang sehr gedrückt mit hängenden Schultern herumliefen.

Verbesserung des Lernklimas

Mit dem neuen Blickwinkel fanden die Trainer diesen Zustand der Blockade zu lang und unproduktiv. Deshalb begannen sie, sofort nach der Analyse einzelner Probleme unmittelbare Lösungsvorschläge und Hinweise für Verän-

derungen anzuregen. Das Resultat: eine spürbare Verbesserung des Lernklimas.

Das Beispiel zeigt, daß durch die Aktivierung von Ressourcen bestimmte Inhalte, wie die Beschäftigung mit Problemen, nicht ausgeklammert werden. Aber die Arbeit mit den Problemen erfolgt in einem konstruktiven Rahmen, der sicherstellt, daß die Teilnehmer nicht unnötig belastet werden, sondern schnell und erfolgreich lernen können.

Mit jeder Aufgabe und Übung, die Sie als Trainer stellen, bestimmen Sie jedesmal neu die Richtung zu mehr oder weniger Ressourcen!

GRUNDSATZ

Nutzen Sie möglichst viele Themen und Übungen, um bei den Teilnehmern gute Gefühle und damit Ressourcen zu wecken.

Dabei müssen die Aufgaben und Themen nicht kompliziert sein. So setze ich häufig in neuen Gruppen am Anfang folgende unproblematische Übung ein:

Methode
RESSOURCEN IM ALLTAG

1. Jeder notiert auf einem Blatt 10 Eigenschaften, Fähigkeiten, Erfahrungen, die er bei sich schätzt und mag oder auf die er stolz ist.

2. In Dreiergruppen erzählen sich die Teilnehmer den Inhalt ihrer Liste.

> 3. Danach folgt eine Runde in der Großgruppe, bei der jeder eine Sache, die er aufgeschrieben hat, nennt.

Den Anfang erleichtern

Diese Übung tut dem Seminar und den Teilnehmern gut. Entspannung, Selbstsicherheit und Engagement steigen. Gleichzeitig lernen die Teilnehmer neue Seiten an Personen kennen, mit denen sie manchmal schon jahrelang zusammenarbeiten. Der Kontakt erweitert und vertieft sich.

Gerade zu Beginn einer Zusammenarbeit mit einem neuen Trainer wird durch eine solche Übung deutlich, daß es um die Fähigkeiten der Teilnehmer geht. Durch die Erinnerung werden die Qualitäten wieder wach und ins Seminar eingebracht. Ängste vor der Autorität werden dadurch abgebaut.

ANREGUNG

Probieren Sie die Übung "Ressourcen im Alltag" zuhause mit Ihrem Partner aus.

Einige Hinweise haben sich für die Präsentation dieser Übung in einem Seminar als hilfreich erwiesen:

Hilfreich fürs Arbeiten in der Kleingruppe

- Beim Erzählen in der Kleingruppe sollte jeder einmal darauf achten, wie sehr er die Tendenz hat, positive Dinge bei sich selbst zu entwerten oder klein zu machen. Nach dem Motto: "Ich bin schon gut, a b e r ..." Ich mache klar, daß es für viele sehr schwer ist, aus den alten negativen Mustern selbst für nur zehn Minuten auszusteigen.

- Zu seinen notierten Eigenschaften könnte dann jeder Teilnehmer in der Kleingruppe jeweils eine konkrete Situation, in der er die Eigenschaft verwirklicht hat, erzählen. (Damit werden die inneren Bilder plastisch und die positiven Gefühle stärker.)

- Da manche Teilnehmer in der großen Runde gehemmter sind, weise ich darauf hin, wie schwer es manchmal ist, sich über eigene positive Eigenschaften und Erfahrungen zu freuen und diese Freude auch noch anderen zu zeigen. Die Teilnehmer sollen einmal darauf achten, ob sie es schaffen, diese Freude auch beim Mitteilen in der großen Runde zu spüren oder, als Alternative, ob sie bemerken, wie sie diese Freude kontrollieren und nicht spüren.

Diese Einstiegsübung ist themenneutral. Mit den folgenden Fragen werden die Ressourcen ein Stück konkreter aufs Arbeitsfeld bezogen.

Methode
KRÄFTE AUS DER VERGANGENHEIT

1. Erinnern Sie sich an eine erfolgreiche Situation in Ihrer Arbeit mit anderen, die Sie sehr gut gemeistert haben.

2. Wo waren Sie dabei? Holen Sie das Bild dieses Orts wieder ganz plastisch her! Was sehen Sie genau?

3. Was haben Sie gesprochen? Hören Sie die eigene Stimme und die der anderen!

4. Wie haben Sie sich dabei gefühlt? Was war das intensivste Gefühl in dieser Situation?

Nutzen Sie die angenehme Wirkung der positiven Erinnerungsbilder! Lassen Sie Ihre Teilnehmer geistig in positive Erinnerungen schlüpfen, um dadurch Kraft für die Gegenwart zu tanken.

Ressourcen wecken zur Bereicherung des Lernens

Das Prinzip, die Ressourcen zu wecken, läßt sich für jedes Thema und jeden Stoff kreativ anwenden. Dieses Prinzip ist eine entscheidende Bereicherung für das Lernen und Arbeiten. Auf diese Art und Weise können wir aus unseren b e s t e n Erfahrungen lernen!

Betrachten wir das Beispiel eines "traditionellen" Seminaraufbaus:

Traditioneller Seminarablauf

Der Beginn des Verkaufsseminars. Eröffnungsthema ist der Erstkontakt mit dem Kunden. Der Trainer läßt die Teilnehmer einen Fragebogen zu den Schwierigkeiten und Problemen beim Erstkontakt ausfüllen.

Trainer vermittelt Lernstoff und macht Vorschläge

Mit diesen Inhalten arbeitet er während des Seminars. Der Trainer vermittelt den Lernstoff und macht Vorschläge, während die Teilnehmer sich seine Anregungen notieren. Später werden die Anregungen in Rollenspielen ausprobiert.

Dieses Vorgehen ist sinnvoll bei Neulingen, die sich zum ersten Mal mit dem Thema "Verkaufen" befassen. Bei "alten Hasen" wäre ein Aufbau, der den Kerngedanken des NLP entspricht, wie folgt:

NLP-Variation "Eröffnung"

Der Beginn des Verkaufsseminars. Eröffnungsthema ist der Erstkontakt mit dem Kunden. Jeder der Teilnehmer erinnert sich an die erfolgreichsten Erstkontakte und füllt dazu ein Arbeitsblatt aus.

In Kleingruppen berichten dann die Teilnehmer über die Erstkontakte und erarbeiten in jeder Gruppe ein Grundmuster, was sich dabei als wichtig herausgestellt hat.

Dann trifft man sich in der Großgruppe, und ein Sprecher jeder Gruppe trägt das Erarbeitete vor. So stellt sich heraus, daß vor dem Erstkontakt zum einen die gezielte inhaltliche Vorbereitung wichtig war, zum anderen aber auch die aktuelle gute "Tagesform". Anschließend gehen die Teilnehmer wieder in ihre Kleingruppe und überlegen, was für jeden ein persönlicher Weg sein könnte, sich inhaltlich noch besser vorzubereiten und bewußter für die gute Tagesform zu sorgen. Jeder findet so für sich ganz auf ihn zugeschnittene Anregungen für seine praktische Arbeit. Anschließend berichten die Kleingruppen erneut in der großen Runde.

Persönliche Anregung für die praktische Arbeit

Mit diesem Arbeitsaufbau fördert der Trainer Ressourcen, die die Teilnehmer bereits zur Verfügung haben, aber noch nicht oft genug gezielt einsetzen.

Dabei lernen die Teilnehmer aus ihren eigenen erfolgreichen Erfahrungen - denn, die eigenen Erfahrungen sind am überzeugendsten! Durch den Austausch hören die Teilnehmer gleichzeitig viele weitere positive Beispiele von ihren Kollegen. Damit ist ein viel größerer Pool an praktischen nutzbringenden Ideen gegeben, als wenn nur der Trainer allein seine Erfahrungen und sein Wissen vermitteln will.

Von den Erfahrungen anderer profitieren

GRUNDSATZ

Das Wichtigste lernen wir aus unseren besten Erfahrungen.

Das eben beschriebene Grundmuster läßt sich auf jeden Inhalt übertragen.

45

Erfolgreiche Situationen analysieren

In Führungsseminaren analysieren wir erfolgreiche Situationen in Mitarbeitergesprächen, bei Konfliktlösungen oder bei Verhandlungen. In Streßseminaren beschreiben wir Tage mit großer Belastung, die trotzdem streßfrei gemeistert wurden. In Selbstmanagementseminaren arbeitet jeder mit Situationen, in denen er entscheidungsfreudig oder selbstbewußt war.

Methode
AUS DEN BESTEN ERFAHRUNGEN LERNEN

1. Erinnern einer oder mehrerer erfolgreicher Situationen - entsprechend der jeweiligen Thematik (Einzelarbeit)

2. Herausarbeiten der Gemeinsamkeiten (Kleingruppen)

3. Zusammentragen der Ergebnisse (Großgruppe)

4. Planung der Umsetzung der Ergebnisse in den Alltag (Kleingruppe)

5. Zusammentragen der Ergebnisse (Großgruppe)

Schwierigkeiten für den Trainer

Sprechen wir doch auch gleich von den Schwierigkeiten, die solche Methoden in einem Seminar mit sich bringen! Und zwar nicht bei den Teilnehmern, denn die werden im Regelfall begeistert sein.

Aber es mag für den Trainer schwierig sein, solche Übungen durchzuführen. Denn damit geschieht etwas Ungewohntes: Plötzlich verläßt er ein Stück weit die Rolle dessen, der alles am besten weiß und kann. Er übergibt den Lernstoff den Teilnehmern. Bei diesen Übungen muß der Trainer sich im Hintergrund halten. Er überträgt die Rolle des Fachmanns auf jeden einzelnen Teilnehmer.

Der Trainer hält sich im Hintergrund

Dieses Vorgehen erfordert für viele Trainer ein neues Verständnis von ihrer Arbeit. Sie sind es immer gewöhnt gewesen, viel zu tun und im Vordergrund zu stehen. Sie führen das große Wort und stehen ständig unter Strom. Dadurch, so meinen sie, verdienen sie die im Vergleich zu manchen anderen lehrenden Berufsgruppen durchaus ansehnlichen Honorare. Und nun??

Die Vorteile für Sie als Trainer und Ihre Teilnehmer sind: Sie arbeiten weniger - und erreichen gleichzeitig bessere Ergebnisse. Es mag schwer sein, sich an diese neuen Formen zu gewöhnen. Deshalb ist es sinnvoll, damit zu experimentieren, kleine Schritte zu machen und aus den eigenen guten Erfahrungen zu lernen.

Weniger arbeiten und gleichzeitig bessere Ergebnisse?

ANREGUNG

Tun Sie weniger - und erreichen Sie gleichzeitig mehr.

1.1.2 Probleme werden zu Zielen

Seminare bringen Probleme der Seminarteilnehmer an die Oberfläche. Die Probleme sind vielfältig: Da ist der Ärger mit den anscheinend unmotivierten Mitarbeitern, da gibt es die schwierigen Kunden oder man bewältigt den Berg der vorgesetzten Aufgaben nicht.

Was bringen die Teilnehmer in das Seminar mit?

Das Gemeinsame an diesen Problemen ist, daß sie Situationen beinhalten, mit denen jemand nicht zufrieden ist. Was wird dann häufig getan? Die Situation wird in den Mittelpunkt des Denkens gestellt, von vorne und von hinten betrachtet, nach den Ursachen gesucht und analysiert und analysiert...

In der Vergangenheit suchen

"Warum muß ich nur immer wieder Streit mit meinem Chef oder mit meinem Partner oder der Partnerin anfangen?" "Warum nur schiebe ich unangenehme Aufgaben trotz bester Vorsätze so lange auf?" Usw. usw. Meist ändert sich dadurch nichts an der Situation und die Fragen bleiben offen.

In die Zukunft schauen

Mit NLP geht der Schwerpunkt unserer Aufmerksamkeit nicht zu den vergangenen Ursachen des "Problems", sondern in die Zukunft. Wo wollen wir eigentlich genau hin? Wir brauchen eine genaue Richtung. Nur dann können wir unsere Ressourcen sinnvoll einsetzen. Der erste Schritt ist deshalb: Wir formulieren ein Problem neu und zwar als Ziel, das wir statt des Problems wollen.

Ziele statt Probleme

Die Wirkung von Zielen

Die Arbeit mit Zielen entfaltet eine dreifache positive Wirkung:

- Ziele geben die Richtung an, um die eigenen Kräfte gebündelt und gerichtet einzusetzen.
- Ziele entfalten aus sich heraus Anziehungskraft.
- Und schließlich wecken plastische Zielbilder Ressourcen, die wir sofort in der Gegenwart zur Verfügung haben.

Ziele des Unternehmens

Sicherlich wird jedes firmeninterne Seminar von Zielen des Unternehmens bestimmt, die beispielsweise sind: Die Führungskräfte sollen mehr und besser kooperieren. Der Außendienst soll mehr Aufträge hereinbringen usw.

Aber so formuliert sind diese Ziele zu global, um für den einzelnen Wirkung entfalten zu können. Teilnehmer müssen diese Ziele in die eigenen Ziele "übersetzen", sie individuell ausfüllen und dann an ihnen arbeiten. Bei Zielbildern ist wichtig, daß es persönliche Bilder und Vorstellungen sind. Nur dadurch entfalten sie ihre starke Wirkung.

Zielbilder als persönliche Bilder

Natürlich kommt es vor, daß ein Unternehmen von einer starken Vision getragen wird, die alle Mitarbeiter ansteckt. Aber auch dann kommt der Erfolg nur dann, wenn die Vision von jedem einzelnen mit persönlichem Inhalt gefüllt ist.

Wie im letzten Kapitel beschrieben, tanken wir Kraft durch positive Bilder aus der Erinnerung. Die gleiche Kraft gewinnen wir durch Bilder unserer Phantasie. Denn für unseren Kopf macht es keinen Unterschied, ob ein Bild tatsächlich erlebt oder nur phantasiert worden ist. Bild ist Bild - die Wirkung ist die gleiche. Zielvorstellungen sind solche phantasierten Bilder. Wir stellen uns ein Ziel vor, konstruieren ein Bild davon, erleben es lebhaft - und eine stärkende Wirkung stellt sich ein.

Das Ziel als Bild konstruieren

Die Fragen des sog. "NLP-Zielrahmens" helfen,
- Probleme in Ziele zu verwandeln und
- anschaulich und greifbar zu machen.

NLP - Zielrahmen

An einem ausführlichen Beispiel möchte ich einige wichtige Fragen des Zielrahmens darstellen. Jeder Trainer sollte diese Fragen je nach Bedarf im Seminar nutzen.

Hauptabteilungsleiter Schneider berichtet über sein größtes Problem: zuviel Streß.

Schulen Sie sich, daß Sie automatisch bei dem Wort "Problem" daran denken: Hier muß ein Ziel formuliert werden! Folgende Fragen präzisieren das Ziel:

"Was wollen Sie erreichen? Was ist Ihr Ziel? Wie ist der gewünschte Zustand in der Zukunft?"

Die Antwort muß dabei *konkret* sein.

Am einfachsten ist es, wenn sich derjenige, der an seinem Zielrahmen arbeitet, für *eine* konkrete Situation entscheidet, die für ihn problematisch ist.

ANREGUNG

Veranlassen Sie Ihre Teilnehmer, an konkreten Situationen zu arbeiten.

Wenn für diese Situation das Ziel gefunden ist, lassen sich leicht Ergebnisse auf andere ähnliche Situationen übertragen. Eine Situation ist dann konkret, wenn der Befragte sie so plastisch beschreibt, daß Sie als Frager sie genau nachvollziehen können.

Auf die Nachfrage nennt Schneider die Situation, daß ihn zwischen 10 und 12 Uhr jeden Morgen die vielen Anrufe zur Weißglut treiben, er seinen Arbeitsrhythmus verliert und sich gehetzt fühlt. Als konkretes Beispiel nennt er den letzten Mittwochvormittag, der durch die vielen Anrufe so schlimm für ihn wurde, daß er Magenschmerzen bekam.

Sein Ziel ist, so sagt er, in Zukunft nicht mehr gestreßt zu werden.

Damit wird die nächste Anforderung des Zielrahmens aktuell: Schneider muß sein Ziel positiv formulieren, das heißt *ohne Verneinungen* und auch *ohne Steigerungen und Vergleiche*.

Das Ziel positiv formulieren

Wenn etwas verneint wird, erscheint automatisch dieses (verneinte) Bild in der Vorstellung. Die bildhafte Seite unseres Gehirns braucht aber ein konkretes Zielbild. "Nicht gestreßt werden" ist eine Verneinung.

Außerdem: Was meint Schneider mit "Streß"? Was will er statt dessen? Hier bedarf es bei ihm, wie auch sonst häufig, des geduldigen Nachfragens.

Schließlich Schneider: "Ich möchte gern ruhig und entspannt zwischen 10 und 12 Uhr durcharbeiten und meine Schreibtischarbeit erledigen."

Eine weitere Anforderung ist noch zu erfüllen: Das Ziel muß *in der eigenen Kontrolle* von Schneider sein. In der eigenen Kontrolle ist nur *das eigene Verhalten*, nicht das der anderen!

Das Ziel muß in der eigenen Kontrolle sein

Schneider will ungestört "durcharbeiten". Er wünscht sich die Telefonanrufe einfach weg. Aber durch seinen Wunsch verschwinden sie nicht, denn Kunden und Mitarbeiter rufen weiterhin an.

Bisweilen erleben sich Seminarteilnehmer in der Rolle des "Opfers". Ihre Ideen kreisen darum, daß sich erst die anderen (der Chef, die Kollegen) ändern müßten, damit sich eine Problemsituation zum besseren wandelt.

Handlungsspielraum erkunden – neues Verhalten wagen

Als Trainer ist es Ihre Aufgabe, die Teilnehmer dazu anzuregen, den eigenen Handlungsspielraum zu erkunden und neues Verhalten zu wagen!

Schneider soll also ein Ziel formulieren, bei dem alle anderen ihr bisheriges Verhalten beibehalten und nur er sein Verhalten ändert.

Hier kommen neue Ideen ins Spiel. Schneider hat jetzt eine Menge Möglichkeiten:

Er könnte zum Beispiel

- die Beantwortung von Anrufen delegieren;
- häufige Anrufer auf eine neue Zeit umpolen;
- mit Hilfe von Entspannungsmethoden lernen, den Ärger abzubauen;
- seine Einstellung ändern, und die Zeit zwischen 10 und 12 Uhr zu seiner Telefonzeit machen.

Welche Zielvorstellung paßt zur Situation?

Entscheidend bei der Erörterung dieser Möglichkeiten ist, daß Schneider selbst herausfindet, was von den vielen Möglichkeiten ihm und seiner Situation entspricht. Denkangebote durch den Trainer sind hilfreich, nicht aber Vorschläge wie "Machen Sie es doch so ..!"

Statt dessen immer wieder: "Wie könnten Sie es denn machen?" "Was würde für Sie passen?"

Eine genaue Situations-Analyse

Schneider analysiert zuerst einmal, welche Anrufe er bekommt und ob ihn alle Anrufe gleichermaßen belasten. Er kommt zum Ergebnis, daß er insbesondere aus einer Abteilung angerufen wird, bei der immer wieder techni-

sche Pannen passieren. Er weiß dann oft nicht genau Bescheid, muß sich sehr viele Informationen erfragen und ist sich hinterher doch unsicher, ob er den richtigen Ratschlag gegeben hat.

Schneider beschließt, das Problem offensiv anzugehen und einen Termin mit dem zuständigen Abteilungsleiter auszumachen, um neue Wege für die Zukunft zu überlegen. Schneider ist sich sicher, dadurch die unangenehmen Anrufe in den Griff zu bekommen.

Nun schließt sich ein ganz entscheidendes Fragenbündel an, das in den meisten Fällen noch einmal zusätzliche wichtige Informationen bringt.

Was müssen Sie dafür aufgeben, wenn Sie Ihr Ziel erreichen wollen? Oder: Was ist der Preis? Was ist das Risiko?

> Der Preis für die Zielerreichung?

Der Hintergrund dieser Fragen ist folgender: Wenn jemand etwas als Ziel formuliert, dann muß es etwas geben, was ihm Schwierigkeiten macht. Denn sonst wäre er schon von ganz allein und völlig selbstverständlich auf dem Weg zum Ziel, ohne sich behindert zu fühlen.

Die Hindernisse sind Vorteile, die er im gegenwärtigen (ungeliebten) Zustand hat und die er aufgeben oder riskieren muß, wenn er sein Ziel erreichen will.

> Zielerreichung bedeutet: Aktuelle Vorteile aufgeben

Über diese aktuellen Vorteile sind sich viele Leute (und viele Unternehmen) nicht im klaren. Überspitzt ausgedrückt: Sie jammern über die Gegenwart, träumen vom Ziel und übersehen dabei, daß sie am gegenwärtigen Zustand hängen. Da spricht beispielsweise der beruflich Überlastete ständig von seinem Ziel, dem Aussteigen. Aber er will nicht sehen, daß der berufliche Streß ihm Geld und Sicherheit gibt, die er nicht aufgeben mag.

Häufig finden sich hier innere Hindernisse wie die Angst vor Neuem, der Wunsch, von jedem gemocht zu werden oder die Sorge um das eigene Image.

GRUNDSATZ

Jedes Ziel hat seinen Preis.

Ziele gibt es nicht gratis. Es "kostet" etwas, sein Ziel zu erreichen. Deshalb muß jemand Vor- und Nachteile abwägen und sich dann entscheiden.

Die Bereitschaft, für das Ziel einen Preis zu zahlen

Wenn durch die Fragen die Vor- und Nachteile der Situation geklärt sind, kommt eine entscheidende Frage:

Sind Sie bereit, den Preis zu zahlen? Ja oder Nein?

Ein klares "Ja" zum Ziel

Dabei gilt nur ein Ja als Ja, das hundertprozentig ist. Dieses "Ja" kommt mit einer sicheren Stimme und muß für mich als Frager eindeutig sein. Jedes "Ja, grundsätzlich schon" oder ein "Ja" mit einem zögernden Unterton wird als "Nein" gewertet. Denn es deutet darauf hin, daß - möglicherweise noch unerkannte - aktuelle Vorteile aufgegeben werden müßten. Dazu ist der Befragte noch nicht bereit.

Schneider antwortet spontan auf die Frage, was er aufgeben müsse, um sein Ziel zu erreichen, "Nichts!" Auf die Nachfrage überlegt er lange. Schließlich meint er, daß es ihm schon etwas peinlich ist, das Gespräch mit dem zuständigen Abteilungsleiter zu führen. "Wenn ich ihm sage, daß ich mich manchmal inkompetent fühle - was denkt er denn dann von mir?!"

Sein Preis ist also das Risiko, sich in den Augen des anderen zu blamieren. Aber auf die Frage, ob er bereit sei, diesen Preis zu bezahlen, antwortet er mit einem entschlossenen "Ja".

Dabei hat für den Klärungsprozeß, zu dem die Fragen des Zielrahmens führen, ein "Ja" den gleichen Wert wie ein "Nein". Wer ein "Ja" sagt, hat damit eine klare Entscheidung getroffen, sich auf den Weg zum Ziel zu machen. Wer ein "Nein" sagt, ist sich jetzt klar darüber, daß das ursprünglich formulierte Ziel für ihn im Moment nicht genügend wertvoll ist und er sein Ziel ändern muß, z. B. indem er das Risiko verkleinert.

Der Klärungsprozeß

Hier noch einmal die gesamten Fragen:

Methode
ZIELRAHMEN ERFRAGEN

1. Was wollen Sie erreichen? Oder: Wie wollen Sie werden? Konkret — Positiv formuliert — Ohne Steigerungen und Vergleiche — In der eigenen Kontrolle

2. Was müssen Sie dafür aufgeben? Was ist der Preis? Was ist das Risiko? Sind Sie bereit, den Preis zu zahlen?

3. Wenn "nein" - Wie kann ich das Risiko so verkleinern, daß ich bereit bin, es einzugehen? Wie kann ich mein ursprüngliches Ziel so abändern, daß der Preis für mich bezahlbar ist?

Sie "verdauen" den Zielrahmen dann am besten, wenn Sie ihn konsequent einige Male auf unterschiedliche Problemstellungen anwenden.

FRAGE
Welche der aufgeführten Fragen nutzen Sie bereits, welche nicht?

Der Zielrahmen - in ausführlicher Form - ist besonders auch für das Einzelgespräch geeignet. Mit ihm können Sie aber auch bei Teilnehmern, die ein Problem bisher nicht bewältigen konnten, recht schnell "den springenden Punkt" herausfinden, warum eine Veränderung bisher nicht geklappt hat.

Den Zielrahmen demonstrieren

Als sehr wirksam hat es sich in meiner Arbeit erwiesen, wenn die Teilnehmer damit in kleinen Gruppen an Ihren Problemen und Zielen arbeiten. Die Fragen des Zielrahmens schreibe ich zunächst auf dem Flip-chart an und erkläre sie. Günstig ist eine anschließende Demonstration, bei der ich einen Freiwilligen mit einem "kleinen Problem" nach vorne bitte und ihm die Fragen stelle.

Fragerahmen beachten

Anschließend werden Dreiergruppen gebildet mit den Rollen: Frager, Befragter und Beobachter. Wichtig ist der Hinweis, daß der Frager sich möglichst an den vorgegebenen Fragenrahmen halten soll und daß man manchmal sehr hartnäckig (nicht penetrant!) sein muß. Der Beobachter achtet darauf, daß alle Fragen des Zielrahmens gestellt werden.

Jeder kommt in jeder Rolle an die Reihe. Ein Zeitvorschlag ist 3 x 20 Minuten, wobei ich häufig noch Zeit zugeben muß - je nach Vertrautheit und Offenheit der Seminarteilnehmer. Denn über die Themen eines jeden einzelnen kommt es oft zu intensiven Gesprächen. Danach folgt die Auswertung (Besprechen der Kleingruppenarbeit) in der Großgruppe.

Methode
ANWENDUNG ZIELRAHMEN

1. Zielrahmen aufschreiben und erklären

2. Demonstration mit einem Freiwilligen

3. Anwendung in Dreiergruppen

4. Auswertung in der Großgruppe

Mit dem Zielrahmen lösen Sie noch kein Problem, denn er dient zunächst nur zur Bestimmung des Ziels. Er ist auch nicht dazu gedacht, *alle* Fragen auf dem Weg zum Ziel hin zu beantworten. Trotzdem genügen häufig schon diese Fragen, um eine bisherige Blockade bewußt zu machen und zu lösen.

In einigen Fällen sind noch weitere Ressourcen zu aktivieren, um das Ziel zu erreichen. Die Aufgabe des Trainers ist es, den Betreffenden dabei zu unterstützen, seine Ressourcen für diese Situation zu wecken.

Der folgende methodische Ansatz kombiniert das Ziel mit den Ressourcen aus positiven Erinnerungsbildern.

Das Ziel mit positiven Erinnerungsbildern konstruieren

Methode
RESSOURCEN VERKNÜPFEN

1. Bestimmen Sie Ihr Ziel! (Zielrahmen)

2. Welche Fähigkeiten brauchen Sie dazu?

3. Wann haben Sie diese Fähigkeit schon bei sich erlebt? (Ressourcen aus der Vergangenheit)

4. Stellen Sie sich vor, daß Sie diese Fähigkeit auf dem Weg zu Ihrem Ziel nutzen. Wie würde sich das auswirken?

Wichtig ist vor allem, Zeit zu geben, Erinnerungen an gute vergangene Situationen auftauchen zu lassen. Geben Sie Anregungen und fragen Sie nach.

Positive
Erinnerungen
aktivieren

"Beim Skifahren kennen Sie doch sicherlich Situationen, in denen Sie Ihre Kraft/Ihren Mut usw. deutlich gespürt haben. Erzählen Sie doch mal genauer davon."

"In Ihrem Urlaub haben Sie doch sicher Situationen erlebt, in denen Sie ganz entspannt waren? Erzählen Sie doch mal genauer davon."

Durch die genauen Erinnerungen werden die dort gemachten Ressourcen wieder wach. Dann ist der Schritt möglich, diese in der Vorstellung auf dem Weg zum Ziel zu nutzen.

1. 1. 3 Abstand nehmen

Erinnern wir uns an die Ausgangssituation zum Thema "innere Bilder". Die Seminarteilnehmer sitzen friedlich bei einem Bier zusammen. Bis ein alter Konflikt in aller Schärfe wieder aufbricht. Beide Kontrahenten waren in ihre alten Bilder wieder eingestiegen - mit den dazugehörigen Gefühlen von Ärger und Zorn.

Bedeutet das nun, daß wir bei allen negativen Erinnerungen wieder die negativen Gefühle durchleben müssen? Oder gibt es eine Alternative?

Wie sieht es bei unangenehmen Erinnerungen aus?

An dieser Stelle ist es wichtig, daran zu erinnern, daß alle die beschriebenen Mechanismen nichts grundsätzlich Neues sind. Jeder von uns kennt sie und verwendet sie unbewußt. Das Neue, was NLP herausgefunden hat, ist das genaue Aufschlüsseln der inneren Vorgänge, die sich häufig automatisch abspielen. Dadurch können wir die Arbeit unseres Gehirns besser verstehen lernen und anschließend die inneren Mechanismen zielgerichtet einsetzen.

Innere Vorgänge entschlüsseln

Die andere Art, innere Bilder zu betrachten, besteht darin, sie mit Abstand wie ein Foto zu sehen. Wir sind nicht mehr im Bild, sondern sehen das Bild von außen. Wir sind "dissoziiert". Dabei können wir ein einzelnes Bild als Foto oder Standbild sehen oder auch eine Vielzahl von bewegten Bildern, also einen Film.

Innere Bilder aus der Distanz betrachten

Mit der räumlichen Distanz zu den Bildern entsteht gleichzeitig gefühlsmäßige Distanz zu den Bildern. Wir behalten unseren kühlen Kopf und werden zum neutralen Beobachter. Dadurch entdecken wir beim Betrachten der Bilder Informationen, die uns entgehen, wenn wir "im Bild" sind.

GRUNDSATZ

Wer ein Bild aus der Distanz sieht, hat Distanz zu den Gefühlen aus dem Bild.

Die größtmögliche Distanz erhalten wir, wenn wir uns selbst (von außen) im Bild sehen. Wir treten sozusagen aus uns heraus, so, als ob wir einen Videofilm von uns selbst betrachten.

Gehen wir noch einmal zu dem Konflikt am Biertisch zurück und beobachten, wie er sich auflöst:

<small>Die Beobachtung von außen</small>

Die beiden Streiter am Biertisch sind immer heftiger aneinandergeraten. Plötzlich unterbricht einer der anwesenden Zuhörer: "Stop! Beruhigt Euch erst einmal. Was geht hier im Moment vor? Gerade saßen wir noch friedlich bei unserem Bier und jetzt seit ihr mitten in einem uralten Streit. Ganz schön bescheuert! Wie ist das soeben passiert?"

Die Kontrahenten halten inne. "Ich wurde plötzlich wieder so wütend, weil ich mich an die alte Situation erinnerte", meint schließlich Frau Schmidt. "Und ich bin natürlich sofort wieder mit eingestiegen. Ganz genau wie damals," bekennt Herr Maier.

Langsam kühlen die erhitzten Gemüter wieder ab. Nach zehn Minuten ist der Streit vergessen, und die vorherige gute Stimmung aus der aktuellen gemeinsamen Arbeit kommt wieder zurück.
Entscheidend war hier die Frage "Wie ist das *soeben passiert?"*

<small>Aus dem Bild treten - Distanz gewinnen</small>

Frau Schmidt und Herr Maier konnten die Frage nur beantworten, indem sie über die Situation nachdachten. Um die Frage zu beantworten, war es nötig - zumindest eine kurze Zeit - "aus dem Bild" herauszugehen. Vor dem inneren Auge mußten sie die Szene noch einmal ablaufen lassen und dabei die eigene Reaktion beobachten. Dadurch gewannen sie gleichzeitig die Distanz zu dem heftigen Ärger und schafften es "abzukühlen".

Ein weiteres Beispiel zeigt, wie sich fehlende Distanz zu Bildern negativ auswirken kann:

Training des Außendienstes. Trainerin Braun führt Rollenspiele durch, die sie mit Video aufnimmt. Anschließend findet die Analyse der Aufnahmen statt.

Videoaufnahmen erleichtern die Analyse

Teilnehmer Müller war bei seiner Aufnahme sehr nervös gewesen. Als Frau Braun den Film ablaufen läßt, ihn bei der ersten Sequenz stoppt und einen Verbesserungsvorschlag macht, reagiert Müller heftig. Er fängt an, sich zu verteidigen und erklärt vehement, daß er sich im Ernstfall ganz anders verhalten würde. "Es ist doch nur ein künstliches Spiel!" sagt er verächtlich. Gereizt weist Trainerin Braun ihn darauf hin, daß man sehr wohl an einem Rollenspiel die Fähigkeiten eines Verkäufers erkennen könne.

AUFGABE

Wie läßt sich die Reaktion von Teilnehmer Müller erklären? Welche Möglichkeiten bestehen für einen Trainer in dieser Situation?

Warum reagiert Müller so heftig? Offensichtlich hat er nicht den nötigen emotionalen Abstand zu dem Videofilm. Der Grund liegt darin, daß er sich den Film nicht wie ein neutraler, neugieriger Beobachter anschaut, sondern immer wieder (innerlich) in das Bild hineinschlüpft. Er erlebt also beim Anschauen die ganze Szene noch einmal so, als ob sie jetzt gerade geschähe. Natürlich kommt dann dieses starke Gefühl von Unsicherheit und Nervosität in ihm auf. Unmöglich, mit so einem Gefühl im Bauch objektiv zu bleiben oder produktiv zu lernen! Dazu kommt, daß sich dieses Gefühl auch auf seine Wahrnehmungen auswirkt. Wenn Müller sich selbst sieht, ist er besonders kritisch mit sich und ärgerlich, daß er

Emotionalen Abstand gewinnen

seinen Ansprüchen nicht gerecht wird. Weil er das im Seminar vor den anderen nicht zugeben mag, schützt er sich vor der vermeintlichen Blamage, indem er die Methode als solche angreift.

Möglichkeiten des Trainers

Welche Möglichkeiten hat der Trainer? Sein Ziel muß es sein, Müller zu unterstützen, die gefilmte Situation von außen als neutraler Beobachter zu sehen. Schauen wir uns doch einmal Trainer Schulze an, wie dieser in der gleichen Situation reagiert.

Als Müller gegen den Verbesserungsvorschlag protestiert, sagt Trainerin Braun zu ihm in sachlichem Tonfall: "Herr Müller, als erstes möchte ich noch einmal auf etwas hinweisen: Ein Rollenspiel vor der Videokamera ist eine künstliche Situation, die eine Menge falscher Eindrücke verschaffen kann. Denn Sie sind unter Beobachtung. Ihr Mitspieler ist kein echter Kunde und zusätzlich läuft auch noch die Videokamera. All das hat mit Ihrer tatsächlichen Situation als Verkäufer nichts zu tun.

Lernen durch die Sicht von außen

Aber vielleicht können wir beim genauen Anschauen doch etwas lernen. Möglicherweise entdecken wir die eine oder andere Verhaltensweise, die sich so auch in der Praxis abspielen könnte. Schauen wir uns den Videofilm doch einmal ganz neugierig an, so als ob Fremde diese Rollen spielen würden.

Sich selbst beschreiben lassen

Herr Müller, wenn Sie diesen Verkäufer auf dem Film einmal ganz neutral beschreiben, was fällt Ihnen denn an ihm auf? Beschreiben Sie zunächst einmal die Haltung, Gestik und Mimik, alles, was Sie sehen, jede kleine Beobachtung. Und jetzt Stimme und Tonfall. Was sind seine Worte, und wie sind seine Betonung und sein Sprechrhyth-

mus? Nachdem Sie jetzt alles genau beschrieben haben, wo könnte der Verkäufer auf dem Video zu Verbesserungen ansetzen? Was wären sinnvolle Veränderungen? Wie würde das aussehen und wie würde es sich anhören? Wenn Sie dem Verkäufer einen freundschaftlichen guten Rat geben würden, was könnten Sie ihm sagen?"

Eigene Verbesserungsvorschläge entwickeln

AUFGABE

Lesen Sie die Sätze von Frau Braun noch einmal durch und finden Sie heraus, was ihre Anregungen bewirken (sollen).

Frau Braun will Müller anregen, innerlich Abstand zu nehmen und die Bilder von außen zu betrachten. Jeder Satz soll dazu beizutragen.

"Ein Rollenspiel vor der Videokamera ist eine künstliche Situation, die eine Menge falscher Eindrücke verschaffen kann."

Das Rollenspiel: künstlich + realistisch

Ein Rollenspiel ist beides: künstlich und realistisch zugleich. Der Trainer, der nur den realistischen Teil betont, erzeugt automatisch (berechtigten) Widerstand. Frau Braun beugt den Gegenargumenten vor, indem sie sie vorwegnimmt. Damit kommt sie Müller entgegen und sichert sich seine Kooperation.

"Schauen wir uns den Videofilm doch einmal ganz neugierig an, so als ob Fremde diese Rollen spielen würden."

Distanz erzeugen

Frau Braun weiß außerdem, daß Müller sich sehr mit dem aufgenommenen Rollenspiel identifiziert (d. h., Müller geht immer ins Bild und zensiert sich sehr hart aus dem eigenen Anspruch). Deshalb der obige Satz von Frau Braun, um aus

63

dem Bild herauszuführen und Abstand anzuregen. Darüber hinaus benutzt Frau Braun das Wort "spielen" und zeigt damit, daß sie Müller nicht unterstellen will, auch in Wirklichkeit ein solches Gespräch mit einem Kunden zu führen. Damit vermeidet sie, daß Müller glaubt, sich verteidigen zu müssen.

"Was fällt Ihnen am Verkäufer auf? Beschreiben Sie Haltung, Gestik und Mimik, alles, was Sie sehen, jede kleine Beobachtung. Was sind seine Worte, und wie sind seine Betonung und sein Sprechrhythmus?"

Niemand kann gleichzeitig im Bild sein und es von außen sehen. Frau Braun ermutigt Müller durch ihre Fragen und Anregungen, die Bilder genau von außen zu sehen. Darüber hinaus fördert Frau Braun die Distanz, indem sie von Müller auf dem Video nur neutral als von dem *"Verkäufer"* spricht (und nicht etwa fragt "Was fällt Ihnen an *sich selbst* auf?"). Wenn Müller seine Beobachtungen von sich so formuliert: "Ich bin da sehr nervös", verbessert Frau Braun sofort: "Der Verkäufer auf dem Film scheint nervös zu sein. Woran können Sie das erkennen?" Um diese Frage beantworten zu können, muß Herr Müller das Bild wieder distanziert von außen sehen.

"Wo könnte der Verkäufer auf dem Video zu Verbesserungen ansetzen?" "Wie würde das aussehen und wie würde es sich anhören?"

Frau Braun regt mit diesen Sätzen das mentale Probehandeln an.

"Wenn Sie dem Verkäufer einen freundschaftlichen Verbesserungsvorschlag machen wollten, was könnten Sie ihm sagen?"

Schließlich nutzt Frau Braun die Perspektive des Außenstehenden, so daß Müller sich selbst bei Verbesserungen zu unterstützen beginnt. Denn der eigene Rat an sich selbst ist der wirksamste!

Metakommunikation, das Gespräch darüber, wie man miteinander umgeht, funktioniert nach dem gleichen Prinzip. Metakommunikation führt aus dem assoziierten Zustand heraus und dazu, daß man das Geschehene im nachhinein noch einmal von außen sieht. Denn die Fragen nach dem Umgangsstil lassen sich nur beantworten, wenn der Blickwinkel gewechselt wird. Damit löst man sich aus den vergangenen Gefühlen und gewinnt neue, objektivere Einsichten über die eigenen und fremden Reaktionen.

> **Wie funktioniert Metakommunikation?**

Wenn Sie aus dem Bild heraustreten und es von außen ansehen, geschehen also mehrere Dinge gleichzeitig:

> **Was geschieht, wenn ...**

- Es entsteht eine gefühlsmäßige Distanz zu dem abgebildeten Geschehen.
- Aus der Distanz heraus werden Ihnen Einzelheiten sichtbar, die zuvor "im Gefühlssturm" untergingen.
- Dank der Distanz können Sie die Situation objektiver beurteilen.
- Durch diese Einsichten sind neue Lernschritte möglich.

Darüber hinaus geben Bilder, die man von außen sieht, eine weitere Chance:

> **Mentale Experimente**

- Während Sie die Bilder von außen ansehen, können Sie sie in Ihrer Vorstellung verändern. So kommen Sie zu einer Art "Probehandeln", experimentieren mental mit Ihrem Verhalten und erhalten gleichzeitig ein objektiveres Bild der Ergebnisse.

1. 2 Die erste Stunde im Seminar

Die Richtung geben

Die erste Stunde im Seminar gibt die Richtung an, in die sich Trainer und Teilnehmer bewegen werden. Diese Stunde spiegelt in Miniatur bereits eine Menge dessen wider, was sich anschließend im Seminar ereignen wird. Wegen der Bedeutung dieser Stunde ist ihr ein eigenes Kapitel gewidmet.

Was steht am Anfang?

Natürlich ist es erst der Anfang. Und der Anfang ist gezeichnet vom Lampenfieber, das bei allen mir bekannten Trainern (mich eingeschlossen) jedes neue Seminar begleitet. Aber dennoch. Der Stil des Trainers, die Art des Umgangs mit den Teilnehmern zeigt sich bereits in den ersten Minuten.

Als Trainer erleben wir ein Seminar aus unserer Rolle heraus. Diese Rolle prägt unsere Wahrnehmungen und Einstellungen.

Die Rolle prägt Wahrnehmungen

Als Beispiel fällt mir eine Mitschülerin aus dem Gymnasium ein, die trotz ihrer Schwierigkeiten mit den Lehrern, über die sie sich immer wieder beschwerte, mit viel Idealismus selbst den Lehrerberuf ergreifen wollte. Ich traf sie wieder, nachdem sie drei Jahre im Schuldienst war. Ihr abwertender Ton, mit dem sie über ihre Schüler redete, schockte mich. Die neue Rolle hatte ihre Wahrnehmung völlig verändert.

Wichtige Informationen über die Bedeutung des Einstiegs bekommen wir aus der Perspektive des Seminarteilnehmers. Jedem Trainer sei deshalb empfohlen, ab und zu an fremden Seminaren teilzunehmen. Nicht nur, weil er sich fortbildet, sondern vor allem, weil dieser Rollenwechsel seine Perspektive erweitert. Er muß nur seine ganze Aufmerksamkeit auf das äußere Geschehen und seine Gefühle und Bewertungen in den ersten Minuten des Seminars richten.

Perspektiven der Teilnehmer

Dann macht er diese oder ähnliche Beobachtungen:

Beobachter sein

Kurz vor Seminarbeginn als Teilnehmer im Seminarraum. Im Bauch herrscht eine leichte Spannung. Viele Teilnehmer sind schon da, aber noch nicht der Trainer. Bei jedem unbekannten Neuen, der den Raum betritt, schwingen die inneren Antennen auf Hochspannung. Wie sicher und souverän kommt der Neue in den Raum? Wie laut oder leise grüßt er? Schaut er sich unsicher um? Ist das der Trainer oder nicht?

Wer ist der Trainer - die Trainerin

Das muß er jetzt sein. Der Neuankömmling geht zum Platz ganz vorne, legt seine Tasche ab, schaut sich im ganzen

67

Raum um und sagt dann ein lautes "Guten Morgen, meine Damen und Herren." Die inneren Stimmen fragen und urteilen weiter: "Das klang ja sicher. Der Kleidung nach ist er ja wohl mehr konservativ. Und bei Krawatten hat er keinen besonderen Geschmack. Ob er sie selbst ausgesucht hat?"

Gefährdung durch ein Seminar?

Dieser innere Dialog wird in der ganzen nächsten Stunde intensiv ablaufen, so lange, bis eine Einschätzung des Trainers vorliegt und wir uns als Teilnehmer sicherer fühlen. Denn ein Seminar scheint in vielen Fällen zunächst auch eine Situation zu sein, in der wir gefährdet sind. Erinnerungen an Vorgesetzte und Autoritätspersonen, an die Schule und an Lehrer schwingen im Untergrund mit. Wir könnten irgendwelchen Aufgaben und Anforderungen nicht gewachsen sein. Möglicherweise blamieren wir uns oder werden durch den Trainer blamiert. Ob wir wollen oder nicht, wir berechnen die Gefahren, die durch die neue Situation und den Trainer entstehen könnten.

Gefahren berechnen

Alles dient der Einschätzung

Deshalb dient in den ersten Minuten alles, was am Trainer zu beobachten ist, dieser wichtigen Einschätzung. Was er sagt, wie er etwas sagt, wie seine Körpersprache ist, geben entscheidende Hinweise. (Wie richtig die Hinweise und die Einschätzungen sind, steht auf einem anderen Blatt!) Und alles, was von Teilnehmern gesagt oder gefragt wird, wird ebenfalls als Test zur Beurteilung genutzt.

Wirkt er sicher? Überspielt er seine Nervosität? Macht er Mut oder jagt er Angst ein? Wie geht er mit Fragen um? Versteht er den Kern einer Frage? Kommt er gleich zum Punkt oder holt er weit aus, um ausführlich Antwort zu geben? Wird er leicht aus dem Konzept gebracht? Wo und wie setzt er Grenzen?

Besonders spannend ist die Trainerreaktion auf die erste vorsichtige Kritik oder den ersten Einwand. Ist er unwillig? Bügelt er die Kritik nieder? Wird er dabei persönlich? Ist er souverän? Darf man bei ihm Kritik äußern?

Trainerreaktionen "abchecken"

Aus vielen kleinen Beobachtungen, die gemacht werden, ergibt sich ein Gesamtbild. Die Situation wird dadurch beeinflußbar. Teilnehmer gewinnen dadurch an Sicherheit. Sie schätzen ein, wie sehr sie entspannen und die Kontrolle loslassen können.

Meist geschehen die Prozesse zur Einschätzung automatisch. Sie sind nicht bewußt, sondern laufen unter der Oberfläche ab.

AUFGABE

Lauschen Sie bei der nächsten Begegnung mit jemand Unbekanntem auf Ihre inneren Stimmen und erkennen Sie Ihre Muster der Einschätzung.

Ein wichtiger Teil der ersten Minuten im Seminar ist der inhaltliche Rahmen, der durch die Worte des Trainers gegeben wird. Welche Atmosphäre erzeugen seine Worte? Versteht der Trainer, das Interesse und die Ressourcen der Teilnehmer zu wecken? Lenkt der Trainer die Energie in eine positive oder in eine negative Richtung? Erzeugt er Freude, Mut und Begeisterung oder Druck und Angst? Dabei führt jedes einzelne Wort in eine dieser beiden Richtungen.

Worte erzeugen Atmosphäre

Besonders wichtig sind die sprachlichen Bilder, die verwendet werden, die sogenannten Metaphern. Metaphern sind bildhafte Vergleiche. Jeder von uns handelt aufgrund der

Was sind Metaphern?

Schlußfolgerungen, die er aus seinen bisherigen Erfahrungen gezogen hat. Häufig finden sich solche Schlußfolgerungen komprimiert in diesen Metaphern wieder.

Beispiel: "Eine Firma ist wie ein Dschungel. Nur der Stärkste überlebt." Ein solches Bild beeinflußt und steuert dann - oft unbewußt - das Verhalten.

Jedes sprachliche Bild löst eine Menge von Eindrücken, Einstellungen, Erinnerungen und Gefühlen aus. Dabei können die Bilder mehr in Richtung positive Energie wie Freude und Kraft führen oder mehr in die negative von Druck und Angst.

Hören wir uns einmal die ersten Worte an, mit denen Trainer Rau die Führungskräfte seines Seminars begrüßt:

Eine mögliche Seminareinführung?

"Meine Damen und Herren, ich begrüße Sie recht herzlich zum Seminar "Erfolgreich führen". Sie wissen ja alle, wie notwendig es heutzutage ist, sich ständig weiterzubilden. Denn Lernen ist wie gegen den Strom rudern. Wenn Sie mit dem Rudern aufhören, treiben Sie zurück.

Gerade der erfolgreiche Umgang mit Mitarbeitern, die zunehmend schwieriger werden, braucht Ihre ganzen Fähigkeiten. Der zunehmende Wettbewerb, die Konkurrenz, die immer größer und besser wird, zwingt uns, immer wieder die härtesten Anstrengungen zu unternehmen, um mitzuhalten. Und diese Probleme werden sich in Zukunft noch verschärfen. In den nächsten Jahren wird ein gnadenloser Verdrängungswettbewerb einsetzen. Keiner bleibt ungeschoren. Nur die Besten werden überleben!

Meine Damen und Herren, Ihre Anwesenheit zeigt mir, daß Sie hier mit dazugehören wollen. Dank Ihres ganzen Ein-

satzes hier werden Sie eine Fülle lebensnotwendiger neuer Informationen erhalten. Ich wünsche Ihnen einen guten Verlauf!

> **AUFGABE**
>
> **Lesen Sie den Text noch einmal und analysieren Sie ihn unter folgenden Gesichtspunkten: Welche Begriffe und sprachlichen Bilder verwendet Rau? Inwieweit wecken die Begriffe und Bilder positive Energie und damit Ressourcen? Inwieweit wecken die Begriffe und Bilder negative Energie und damit Blockaden?**

Die folgende Kommentierung ist aus meinem persönlichen Eindruck entstanden. Möglicherweise wecken die Worte Raus aber andere Assoziationen bei Ihnen. Es gibt dabei kein "richtig" oder "falsch". Entscheidend ist die Wirkung auf S i e . | *Eine mögliche Sichtweise*

"Ich begrüße Sie recht herzlich:"
Es ist angenehm, so begrüßt zu werden. | *Was ist angenehm – was unangenehm?*

"Es ist notwendig, sich ständig weiterzubilden."
"Notwendig" ist keine freie Entscheidung mehr. Ich m u ß . Unangenehm!

"Lernen ist wie gegen den Strom rudern. Wenn Sie mit dem Rudern aufhören, treiben Sie zurück."
Angst und Anstrengung. Lernen macht Streß. Wenn ich nicht ständig auf der Hut bin, falle ich zurück!

"Der erfolgreiche Umgang mit Mitarbeitern, die zunehmend schwieriger werden, braucht Ihre ganzen Fähigkeiten."
"Erfolgreich" als Wort spricht mich an, denn das will ich

auch sein. Aber der Gedanke an die schwierigen Mitarbeiter erschreckt gleich wieder. Alle Fähigkeiten einsetzen – will ich gern!

"Der zunehmende Wettbewerb, die Konkurrenz, die immer größer und besser wird, zwingt uns, immer wieder die härtesten Anstrengungen zu unternehmen, um mitzuhalten."

Sensibel sein für Worte

Wieder ein angsterregender Hinweis auf die Konkurrenz. "Zwingen" - jeder läßt sich nur widerwillig zwingen. "Härteste Anstrengungen" haben wenig, um Begeisterung zu erzeugen.

"Und diese Probleme werden sich in Zukunft noch verschärfen."
Großer Gott, steh mir bei!

"In den nächsten Jahren wird ein gnadenloser Verdrängungswettbewerb einsetzen."
"Gnadenlos" treibt kalte Schauder den Rücken hinunter.

"Keiner bleibt ungeschoren. Nur die Besten werden überleben!"
Die bangen Fragen stellen sich: Was wird bei mir geschoren? Gehöre wirklich i c h zu den wenigen Besten, die überleben?

"Ihre Anwesenheit zeigt mir, daß Sie hier mit dazugehören wollen."
Na, immerhin mal etwas.

Perspektiven oder Gefahren?

"Dank Ihres ganzen Einsatzes hier werden Sie eine Fülle lebensnotwendiger neuer Informationen erhalten."
Es baut mich auf, daß ich wichtige Informationen bekomme.

Und meinen Einsatz leiste ich gern. Nur "lebensnotwendig" erinnert mich wieder an die schlimmen Gefahren.

"Ich wünsche Ihnen einen guten Verlauf!"
Aufatmen und Entspannung.

Als Gesamtergebnis bleibt festzuhalten, daß durchgehend mit den meisten Worten und sprachlichen Bildern Angst und Druck erzeugt werden. Die Kernaussagen beinhalten vor allem: "Sie müssen!"

Analyse der Wirkung

Noch ein Ausflug in die Welt der Spitzensportler! Spitzensportler zeichnen sich dadurch aus, daß von ihnen immer wieder genau zu einem vorbestimmten Zeitpunkt, nämlich dem Zeitpunkt des Wettbewerbs, Höchstleistungen verlangt werden. Und zwar nicht nur zwei- oder dreimal im Jahr, sondern - man sehe sich nur die Tennisspieler an - immer wieder regelmäßig zu vielen Zeiten im Jahr. Dadurch lastet ein enormer Druck auf dem Wettkämpfer.

Sportler, die dauerhaft Höchstleistungen erzielen, scheinen offensichtlich besonders gut mit diesem Druck umzugehen und vielleicht sogar für ihre Leistung von ihm zu profitieren. Der Trainer und Autor Loehr hat herausgefunden, daß völlig falsche Vorstellungen über die Bedeutung von Druck und innerem Zwang vorherrschen. Druck ist keine Voraussetzung ausgezeichneter Leistung, ja nicht einmal eine Unterstützung für sehr gute Leistung!

Druck zur Leistungssteigerung?

"Eine der wichtigsten und überraschendsten Entdeckungen, die sich aus den Berichten der Befragten ergab, war, daß mental starke Spieler unter Druck n i c h t gut spielen. Die Erkenntnis war, daß unter Druck niemand gut spielt - auch

73

die Superstars nicht. Geübte und erfahrene Wettkämpfer spielen gut in Situationen, in welchen sie unter Druck standen, g e r a d e   w e i l sie den auf ihnen lastenden Druck eliminiert haben."

Energie wecken

Rau entfacht mit seinen Worten Lernenergie, was manchmal als Gegenmittel gegen Lethargie und Interesselosigkeit angebracht ist. Man stelle sich einen Seminarraum vor mit einer Schar übernächtigter, verschlafener und offensichtlich desinteressierter Teilnehmer. Die Worte Raus wecken auf und machen munter.

Nur die Hälfte des Potentials nutzen?

Wenn wir allerdings im Seminar bereits interessierte Teilnehmer vor uns haben und das ganze Potential der Teilnehmer nutzen wollen, dann wirkt die Eröffnung Raus kontraproduktiv. Denn selbst mit großer negativer Energie durch Druck und Angst verwirklichen wir nach Loehr höchstens knapp mehr als die Hälfte unseres Potentials.

Sich vom Druck befreien

Das bedeutet, daß manche Teilnehmer während des ganzen Seminars in diesem begrenzten Zustand der Aufnahmefähigkeit bleiben. Aber auch motivierte Teilnehmer müssen sich zunächst einmal vom Druck freimachen, der durch die Worte von Rau in ihnen entstanden ist.

Blockierende Verhaltensweisen

Einige der Verhaltensweisen, die eher blockieren als zu einer konstruktiven Mitarbeit öffnen:

- Strenger oder autoritärer Tonfall
- Druck in jeder Form
- Hinweise auf Unangenehmes
- Zu hohe Ziele
- Entmutigende Hinweise auf Schwierigkeiten

- Den Eindruck vermitteln, daß die Teilnehmer und Mitarbeiter unfähig oder minderwertig sind
- Fachjargon

Kraft und Wirkung von Sprache können aber auch für die positive Richtung genutzt werden.

Welches sind einleitende Gedanken und Bilder, mit denen Sie in Ihren Seminaren oder in Ihren Projekt- und Arbeitsgruppen positive Energie erzeugen und Ressourcen wecken könnten? Je spezieller Sie dabei Situationen wählen, die genau auf Ihre Teilnehmer- und Mitarbeitergruppe zugeschnitten sind, desto stärker wird die positive Wirkung sein.

Wie sieht ein positiver Start aus?

AUFGABE

Welche Begriffe und sprachlichen Bilder könnten Sie zu Beginn eines Seminars nutzen, um Ressourcen bei den Teilnehmern und Mitarbeitern zu wecken?
Wie könnten Sie Interesse, Selbstvertrauen und Begeisterung erreichen?
Notieren Sie sich Ihre Gedanken und nutzen Sie Ihre Ideen im nächsten Seminar!

Als zusätzliche Anregung seien die ersten Worte angeführt, die Trainer Schulze an seine Teilnehmer richtet.

AUFGABE

Analysieren Sie beim folgenden Text jeden Begriff und jedes Bild daraufhin, welche Assoziationen dadurch bei Ihnen ausgelöst werden.

"Meine Damen und Herren, ich begrüße Sie recht herzlich zum Seminar "Erfolgreich führen". Gerade heute ist es für

Bei der Eröffnung Ressourcen wecken

jede Führungskraft immer wieder eine neue Herausforderung, sich mit dem wichtigen Thema der Mitarbeiterführung auseinanderzusetzen. Und wie Sie alle wissen: Wir wachsen mit den Herausforderungen.

Dabei machen Sie ja jeden Tag eine Menge Erfahrungen, wie erfolgreich Sie bereits mit Ihren Mitarbeitern umgehen und was Sie alles seit dem ersten Tag, als Sie Führungsverantwortung erhielten, dazugelernt haben. Aber immer wieder tauchen einzelne Situationen auf, wo Sie noch mehr Wissen und Fingerspitzengefühl brauchen, um diese kniffligen Situationen in Zukunft noch besser zu bewältigen. Ich freue mich, daß Sie sich diese Tage genommen haben, um sich hier für Ihre Ziele zu engagieren. Ich wünsche Ihnen einen guten Verlauf!

Was wirkt wie?

Hier einige Gedanken zu der Analyse der möglichen Wirkung:

"Gerade heute ist es für jede Führungskraft immer wieder eine neue Herausforderung, sich mit dem wichtigen Thema der Mitarbeiterführung auseinanderzusetzen."
Der Begriff "Herausforderung" ist bei den meisten positiv besetzt und weckt die Kräfte und das Engagement.

Positive Wirkung verstärken

"Wir wachsen mit den Herausforderungen."
Verstärkt die positive Wirkung, da ein deutlicher persönlicher Zugewinn angesprochen wird. "Wachsen" kommt aus dem Bereich der Natur, wo alles ohne Anstrengung "natürlich" wächst. Das gibt Vertrauen.

"Dabei machen Sie ja jeden Tag eine Menge Erfahrungen, wie erfolgreich Sie bereits mit Ihren Mitarbeitern umgehen und was Sie alles seit dem ersten Tag, als Sie Führungs-

verantwortung erhielten, dazugelernt haben."
Erinnerungen an bewältigte Situationen wecken die Ressourcen. Der Gedanken daran, wie viel schon gelernt worden ist, weckt die Überzeugung, daß das - selbstverständlich - weitergehen wird.

Gute Erinnerungen hervorrufen

"Aber immer wieder tauchen einzelne Situationen auf, wo Sie noch mehr Wissen und Fingerspitzengefühl brauchen, um diese kniffligen Situationen in Zukunft noch besser zu bewältigen."
Schwierige Situationen werden angesprochen, aber gleich darauf das Vertrauen vermittelt, daß diese Situationen mit Hilfe des Seminars zu bewältigen sind.

Vertrauen vermitteln

"Ich freue mich, daß Sie sich diese Tage genommen haben, um sich hier für Ihre Ziele zu engagieren."
Ressourcen werden angesprochen: Es wird unterstellt, daß die Teilnehmer selbst bereit sind, aktiv zu werden.

Hier eine Liste der Verhaltensweisen, die Teilnehmer und Mitarbeiter ermutigen und motivieren:

Was schafft Bedingungen für Mut und Motivation

- Freundlicher Tonfall
- Partnerschaftliches Auftreten
- Inhalte als Angebot definieren
- Die Ziele konkret beschreiben, die erreicht werden sollen
- Erinnern an positive Erfahrungen
- Erinnern an Stärken und Fähigkeiten
- Individualität u n d Gemeinsamkeit ansprechen
- Mögliche Widerstände erwähnen

Auch mögliche negative Gedanken aussprechen?

Auf den letzten Punkt "Mögliche Widerstände erwähnen" möchte ich ausführlicher eingehen.

Bisher mag der Eindruck entstanden sein "Auf keinen Fall etwas Negatives zu Beginn sagen. Es könnte ja blockieren!" Das stimmt in dieser Eindeutigkeit nicht. Denn es kann sehr sinnvoll sein, negative Gedanken, die vorhanden sind, anzusprechen.

AUFGABE

Worin sehen Sie den Wert, daß mögliche negative Gedanken bei der Eröffnung angesprochen werden?

Aus der Praxis

Verkaufstrainerin Braun hat ein Seminar übernommen, in dem altgediente Verkäufer "wieder einmal etwas in Schwung gebracht" werden sollen. Von ihrem Auftraggeber weiß sie, daß viele der Verkäufer sich sehr über das verordnete Seminar geärgert haben.

Bei ihrer Eröffnungsansprache sagt sie: "Ich kann mir vorstellen, daß manch einer von Ihnen gedacht hat: 'Was soll denn dieses überflüssige Seminar! Und dann noch eine Frau als Trainerin! Wie soll die mir etwas beibringen können? Ich bin in meinen Leistungen doch wirklich gut genug. Soll das eine Strafe sein oder traut man mir nicht mehr?'

Die Geschäftsleitung und ich als Trainerin - wir sind uns sicher, daß Sie eine Menge wertvoller Fähigkeiten und Erfahrungen in dieses Seminar mitbringen. Mein Wunsch ist es, daß wir diese Erfahrungen austauschen und voneinander profitieren können. Denn in der Hektik des Tagesge-

schäfts haben wir oft zu wenig Zeit, auch einmal neue erfolgreiche Pfade auszuprobieren und dadurch unsere Kunden noch besser zu erreichen.

Als erstes liegt durchaus der Gedanke nah: Besser keine negativen Dinge ansprechen. Wenn ich als Leiter so etwas sage, bringe ich die Anwesenden nur "auf dumme Gedanken". Vielleicht provoziere ich dadurch erst den Widerstand und erzeuge mir selbst den Ärger.

Keine Angst, Negatives anzusprechen

Diese Sorgen sind in den meisten Fällen unberechtigt. Damit verkennen wir unsere Teilnehmer. Diese haben selten nur positive, sondern auch schon von allein genügend negative Gedanken.

Spreche ich als Leiter diese Gedanken aus, erreiche ich jedoch mehrere positive Effekte:

Die positiven Effekte

- Ich signalisiere ein freies und offenes Seminarklima, in dem selbst Negatives gedacht und ehrlich ausgesprochen werden kann. Es muß nichts unter den Teppich gekehrt werden!
- Das Aussprechen der "verbotenen" Gedanken befreit die Köpfe davon und entlastet.
- Ich signalisiere den Teilnehmern, die so denken, daß ich Ihre Gedanken nachvollziehen und damit verstehen kann. So bekomme ich einen positiven Kontakt mit den Betreffenden.
- Schließlich erschwere ich negative Reaktionen, wenn ich Sie vorher ankündige.

Ein Beispiel für den letzten Punkt:

Negative Reaktionen ankündigen	*"Meine Damen und Herren, ich vermute, Ihre erste spontane Reaktion auf meinen Vorschlag wird sein: Das schaffen wir nicht!"*
	Ergebnis dieser Ankündigung: Die Teilnehmer tun sich schwer, das Vorhergesagte tatsächlich automatisch zu tun. Denn kein Mensch will gern berechenbar und durchsichtig erscheinen.
Was sind Ihre Metaphern?	Zum Schluß dieses Kapitels möchte ich das Thema Metaphern noch einmal für Ihre Rolle als Trainer ansprechen. Welche sprachlichen Bilder haben Sie selbst für Ihre erste Seminarstunde? Erleben Sie das mehr wie "Um einen Partner werben" oder ist es vielleicht ein Bild aus dem Zirkus "Als Dompteur unter Tigern" oder die Frage "Wer ist der Leitwolf"?

FRAGE

Welches ist Ihre Metapher für den Einstieg in ein Seminar?

Die ersten wichtigen Minuten	Ich selbst habe mich zu Beginn meiner Tätigkeit als Trainer damit auseinandergesetzt, welches Bild mir hilft, die ersten wichtigen Minuten gut zu überstehen. Zu Seminarbeginn erlebe ich, daß häufig die Stärke des Trainers "getestet" wird.
	Als Teilnehmer habe ich erlebt, wie Trainer in eine Art Schlagabtausch (Metapher "Boxkampf") eintraten, um sich auf diese Weise durchzusetzen. Das Ergebnis sind dann getroffene und verletzte Teilnehmer, die sich erst einmal zurückziehen und für das Seminar zunächst ausfallen.
Metapher "Judokämpfer"	Hilfreich fand ich zu meiner eigenen Überraschung das Bild eines "Judokämpfers" in einem sportlichen Wettkampf. Da

ist jemand mit Kampfgeist, der aber keinen blindwütigen Schlagabtausch mag, sondern wach und aufmerksam auf den Partner achtet. Manchmal tritt er blitzschnell zur Seite und läßt den anderen ins Leere laufen, manchmal nutzt er den Schwung des Gegenübers zu einem Hüftwurf. Es macht beiden Spaß, beide Partner bleiben unverletzt und hinterher reicht man sich freundschaftlich die Hände.

Gerade zu Beginn vermeide ich nach Möglichkeit Diskussionen, in denen es darum geht "Wer hat recht?" Manchmal gibt es Teilnehmer, die einer Aussage von mir heftig widersprechen: "Also so kann man das doch nicht sagen!" Ich höre dann genau hin, was sie meinen und wollen. Häufig kann ich ehrlich zugeben, daß sie mit ihrem Einwand - für bestimmte Situationen - recht haben. Wenn ich gut zugehört habe, kann ich mich ihnen nach so einem heftigen Einwand zuwenden mit einem: "Vielen Dank, daß Sie diese wichtige Ergänzung gebracht haben. Meine Aussage vorhin war zu extrem formuliert."

Zu Beginn keine "Rechtsstreitigkeiten"

Einwände aufgreifen

Dank meiner Metapher vom Judokämpfer spüre ich die Stärke auch im Nachgeben. Ich registriere die große Überraschung von Teilnehmern, die sich nach ihrer heftigen Kritik schon zum Kampf gerüstet haben. Plötzlich ist ihnen der Wind aus den Segeln genommen. *(Wohlgemerkt nur, wenn es ehrlich gemeint und kein Trick ist!)*

Ehrlichkeit - keine Tricks

Eine befreundete Trainerin, der ich diese Zeilen zu lesen gab, fühlte sich von diesem Kampfbild eher abgestoßen. Mich, der sich selbst eher als friedlich beschreiben würde, überrascht selbst die kämpferische Aussage dieser Metapher für die ersten Minuten. Vielleicht kommt es aus der Situation als Mann in einer Gruppe, die meist überwiegend oder ausschließlich aus Männern besteht. Deshalb muß es nicht ver-

Weitere Metaphern bereichern das Seminargeschehen

blüffen, wenn für eine Trainerin in der gleichen Situation eine andere Metapher besser paßt.

Am Rande sei bemerkt: Nach dieser ersten "Kampfstunde" sind andere Metaphern sinnvoll, die helfen, "das gemeinsames Boot zu den neuen Ufern zu steuern".

AUFGABE

Welche Wirkung hat Ihre Metapher für den Einstieg auf Ihr Verhalten? Überlegen Sie sich andere sinnvolle Metaphern für ein Seminar.

1.3 Spielregeln sind nützlich

Spielregeln, die das "Spiel" regeln

In Seminaren, bei denen Selbstmanagement oder andere persönliche Themen im Vordergrund stehen, mache ich seit Jahren gute Erfahrungen mit folgenden "Spielregeln", die ich zu Beginn des Seminars vorstelle. Sie enthalten Gedanken der "Themenzentrierten Interaktion (TZI)" nach Ruth Cohn.

Was ist Zweck und Nutzen dieser Spielregeln und wie lassen sie sich sinnvoll vermitteln?

Spielregeln

Widerstände suche ich dadurch zu vermeiden, daß ich die Betonung mehr auf das "Spiel" als auf die "Regeln" lege. Es geht darum, die Spielregeln als Anregungen zu nehmen und nicht als zwanghafte Verhaltensvorschriften.

Widerstände gegen "Regeln" vermeiden

Ich betone ausdrücklich, daß es sich hier nur um einmalige Spielregeln für dieses Seminar handelt und nicht um Regeln für das Arbeitsleben insgesamt. Dadurch gehe ich an dieser Stelle Diskussionen über den grundsätzlichen Wert dieser Anregungen aus dem Weg. Für Diskussionen ist es noch zu früh - erst braucht es die eigenen Erfahrungen.

Einmalige Spielregeln

Regel 1:

Übernehmen Sie Verantwortung für sich!

- Sorgen Sie s e l b s t dafür, daß Sie zufriedengestellt werden.
Das heißt: Warten Sie nicht darauf, daß andere Seminarteilnehmer oder der Seminarleiter Ihre Interessen vertreten. Setzen Sie sich dafür ein, daß die konkreten Themen, die Sie interessieren, behandelt werden.

Um die Teilnehmer zu Aktivität zu ermuntern, nenne ich das Beispiel eines Teilnehmers, der am letzten Tag nach Seminarende zu mir kommt und sagt: "Ich habe schon drei Tage lang ein ganz wichtiges Problem. Die ganzen Seminartage warte ich darauf, daß Sie es endlich ansprechen." Dann ist es leider zu spät!

Zur Aktivität ermuntern

Störungen wichtig nehmen

- Melden Sie Störungen an.

Jeder Teilnehmer sollte immer in der Lage sein, dem Gruppengeschehen aufmerksam zu folgen. Selbst wenn Sie allein gestört und abgelenkt sind, ist das wichtig genug, die Gruppe zu unterbrechen und die Störung anzumelden. Nehmen Sie sich und Ihre Störungen wichtig! Niemand ist schuld daran, wenn Sie zu kurz kommen oder länger gestört sind - nur Sie selbst.

Eine weitere Ermunterung zur Aktivität! Gleichzeitig teile ich als Leiter die Verantwortung mit den Teilnehmern und nehme mir den Druck, für alles verantwortlich zu sein.

Eine weitere Ressource: Jeder zählt auch für sich allein. Damit wird zur Zivilcourage ermuntert. Ich nenne das Beispiel eines Rauchers, der unbedingt eine Zigarette braucht, und als weiteres Beispiel das Mitglied einer Kleingruppe, das genervt abschaltet, weil ein Dauerredner in der Runde ist.

"Nein" sagen können

- Sie können "nein" sagen. Sie sind freiwillig und aus Interesse hergekommen, damit Sie Neues erfahren. Dadurch werden Sie aber nicht zum willenlosen und blinden Mitmacher. Hören Sie auf sich! Sagen Sie "nein", wenn Sie spüren, daß Ihnen etwas zu viel ist, zu unangenehm oder einfach, wenn Sie zu müde sind.

Diese Aufforderung ist in meinen Augen sehr bedeutungsvoll, um neuen Teilnehmern Ängste zu nehmen. Individualität und die Freiheit des einzelnen werden im Seminar ernst genommen. Man kann nicht alle über einen Leisten scheren. Gleichzeitig werden die Teilnehmer daran erinnert, daß Ihre Wachheit und Ihr bewußtes Engagement gefordert sind.

Regel 2:

Drücken Sie sich direkt und konkret aus!

Dabei ermuntere ich ausdrücklich, die Dinge beim Namen zu nennen und nicht um den heißen Brei herumzureden. Ich zeige meine Bereitschaft nachzufragen, wenn die Teilnehmer unkonkret bleiben.

- Sprechen Sie mit "ich" statt mit "man", "wir", "Sie" oder "du". Probieren Sie einfach einmal, wie anders die Sätze dann klingen.

Ein einfaches Beispiel zeigt den Teilnehmern den Unterschied. Jemand sagt: "Man hat halt so seine Probleme mit Mitarbeitern." Ein anderer: "Ich habe meine Probleme mit Mitarbeitern." Je konkreter jemand wird, desto mehr kann er von einem Seminar profitieren.

- Sprechen Sie die Teilnehmer in der Gruppe direkt an.

Sprechen Sie nicht über andere Teilnehmer, sondern schauen Sie den Betreffenden an und sagen Sie ihm direkt, was ihn betrifft. Also nicht: Ich finde, er hat gerade..., sondern: Ich finde, Sie haben gerade...

- Sagen Sie Ihre Meinung und Ihre Erfahrung statt Fragen zu stellen. Wenn Sie eine Frage stellen, dann teilen Sie mit, warum Sie sie stellen.

Diese Anregung soll den gleichwertigen Austausch untereinander fördern.

> Die Dinge beim Namen nennen

> Ich rede von mir

> Direkte persönliche Ansprache

> Den Austausch fördern

Regel 3:

Andere Meinungen gelten lassen

Lassen Sie die Meinungen und Erfahrungen der anderen für sich stehen und gelten!

- Kommentieren Sie nicht - verbessern Sie nicht - widersprechen Sie nicht - streiten Sie nicht. Sind Sie zu anderen Auffassungen gelangt oder haben Sie andere Erfahrungen gemacht, erzählen Sie diese!

Sprechen Sie dabei nur von sich. Denn es geht nicht darum, ob etwas richtig ist oder ob jemand recht hat. Es ist auch nicht das Ziel, daß ein gemeinsames Ergebnis herauskommt. Wichtig ist vor allem, den anderen kennenzulernen - ohne ihn verbessern zu wollen.

Wer besser argumentiert setzt sich durch

Dieser Hinweis ist für manche Teilnehmer überraschend, da er in krassem Widerspruch zum üblichen Verhalten steht. Die Regel betont den Wert und den Freiraum des einzelnen. Alle werden hier gleich geschätzt. Gerade argumentationsschwächere Teilnehmer sollen ermuntert werden, sich zu beteiligen.

Das vermittle ich durch folgende Behauptung: Wenn zwei miteinander argumentieren, setzt sich nicht der durch, der recht hat, sondern der, der besser argumentieren kann. Das eine hat mit dem anderen nichts zu tun! Wenn jemand, der recht hat, durch die überlegene Argumentationskunst eines anderen häufig untergebuttert wird, dann wird er in Zukunft immer weniger von seinen Auffassungen preisgeben! Im Seminar geht es aber darum, in einen gleichwertigen Austausch einzutreten.

Außerdem haben wir Deutsche manchmal den krankhaften Drang, alles so lange diskutieren zu wollen, bis ein gemeinsames Ergebnis herauskommt. Ein formuliertes gemeinsames Ergebnis ist im Seminar nicht erforderlich! Jeder soll s e i n e neuen Schritte tun. Und meine Schritte können in eine andere Richtung gehen als die eines anderen. Am besten drückt das die englische Formulierung aus: "To agree to disagree." Wir sind einer Meinung, daß wir verschiedener Auffassung sind.

Einverstanden sein, nicht einverstanden zu sein

Regel 4:

Probieren Sie neues Verhalten aus!

- Das Seminar bietet den Freiraum und eine Spielwiese, sich anders als im Alltag zu verhalten. Riskieren Sie etwas! Ein Risiko ist es nur dann, wenn Sie beim Gedanken an ein Verhalten das gewisse Kribbeln im Magen spüren und Sie Angst haben, was bei diesem Schritt herauskommt. Aber: Zwingen Sie sich nicht mit Gewalt. Machen Sie kleine Schritte und haben Sie Geduld mit sich.

Mut zum Experimentieren machen

Das Engagement wird ermuntert. Begriffe wie "Freiraum" und "Spielwiese" wecken positive Assoziationen. Aber keiner soll sich unter Druck fühlen.

Regel 5:

Haben Sie Spaß!

- Gehen Sie spielerisch mit den Übungen und den anderen Teilnehmern um - und nicht verbissen und mit Leistungsdruck.

Spaß nimmt Druck

Noch einmal positive Assoziationen über "Spaß" und "spielerisch".

Noch einmal die Spielregen im Überblick:

Methode
SPIELREGELN

1. Übernehmen Sie Verantwortung für sich!
- Sorgen Sie selbst dafür, daß Sie zufriedengestellt werden.
- Melden Sie Störungen an.
- Sie können "nein" sagen.

2. Drücken Sie sich direkt und konkret aus!
- Sprechen Sie mit "ich" statt mit "man", "wir", "Sie" oder "du".
- Sprechen Sie die Teilnehmer in der Gruppe d i r e k t an.
- Sagen Sie Ihre Meinung und Ihre Erfahrung, statt Fragen zu stellen. Wenn Sie eine Frage stellen, dann teilen Sie mit, w a r u m Sie sie stellen.

3. Lassen Sie die Meinungen und Erfahrungen der anderen für sich stehen und gelten!

4. Probieren Sie neues Verhalten aus!

5. Haben Sie Spaß!

Derartige Spielregeln können Ihre Arbeit als Trainer unterstützen. Eine gute Möglichkeit ist es, sie gemeinsam mit den Teilnehmern zu erarbeiten. Denn sie sollen im Inhalt und in der Wortwahl dem Arbeitsstil des Seminars entsprechen.

Dann wird der Gebrauch dieser Spielregeln immer wieder frisch und lebendig sein - und nicht eine langweilige unangenehme Fülle von Vorschriften und Einschränkungen.

AUFGABE

Erarbeiten Sie Spielregeln, die in Ihren Seminaren nützlich sind.

1. 4 Teilnehmer finden eigene Lösungen

Viele Methoden des NLP dienen dazu, Ressourcen zu wecken und nutzbar zu machen. Bisher wurde erörtert:

- wie Kräfte gezielt durch Erinnerungen an positive Erfahrungen aktiviert werden

- wie Kräfte durch positive Ziel- und Zukunftsbilder geweckt werden
- wie das eigene Wissen durch Abstand, d. h. "aus dem Bild treten", aktiviert wird
- wie wichtig der bewußte Gebrauch von Sprache bei Seminarbeginn ist.

Ermunterung zu eigenen (Problem)- Lösungen

Alle diese Methoden haben als gemeinsame Grundlage, daß derjenige, der Probleme hat oder Lösungen sucht, ermuntert wird, die eigenen Lösungen zu finden. Der Trainer ist derjenige, der ihn dabei unterstützt und begleitet. Im folgenden werden weitere konkrete Anwendungsmöglichkeiten dieses Prinzips gezeigt.

Gibt es den richtigen Rat?

Rosner fragt Schmidt um Rat. Er hat sich vor Wochen mit einem Kollegen heftig gestritten und seitdem nur das Notwendigste mit ihm gesprochen. "Ich möchte einfach gern wieder das Verhältnis auf die Reihe bekommen", meint Rosner, "aber ich weiß einfach nicht wie. Wir sind auf gute Zusammenarbeit angewiesen, da wir unsere Ergebnisse immer koordinieren müssen."

"Das ist doch nicht schwer", meint Schmidt. "Laden Sie ihn doch einfach mal zu einem Glas Bier ein und bereinigen das Ganze." "Nein, nein, so eine Einladung traue ich mich nicht, sonst hätte ich es ja schon längst gemacht", antwortet Rosner. "Ach, stellen Sie sich nicht so an. Sie sind doch wohl Manns genug dafür", erwidert Schmidt. Betreten zieht Rosner ab.

Fremde Lösungen sind wenig wirksam

Es kann nicht genug betont werden, wie wichtig es ist, daß jeder die eigenen Lösungen für Probleme entdeckt oder entwickelt. Eine fremde Lösung ist oft erheblich weniger wirksam als die eigene - selbst wenn die fremde vorgegebene Lösung genau die gleiche ist wie die später gefundene eigene.

Es gibt eine Reihe Vorteile, wenn die Lösung für ein Problem selbst gefunden wird:

Vorteile von eigenen Lösungen

- Die Lösung ist genau auf das konkrete Problem zugeschnitten.
- Die Lösung ist genau auf den, der das Problem hat, zugeschnitten.
- Selbstvertrauen ist da, die eigene Lösung zu bewältigen.
- Das Engagement, die notwendigen Schritte auch zu tun, ist bei der eigenen Lösung gegeben.

Der Lösungsvorschlag des anderen ist wie eine Pflanze, die mit ihren Wurzeln in fremdem Boden gewachsen ist. Nun wird sie ausgegraben und auf einen anderen Boden gesetzt. Die Hoffnung ist, daß die Lebenskraft der Wurzeln so groß ist, daß die Pflanze sich verwurzelt und im neuen Boden anfängt zu wachsen.

Eine Pflanze in fremdem Boden

Wie viel einfacher ist da die eigene Lösung, die natürlich gewachsen im eigenen Boden verwurzelt ist!

Schmidt hat dazugelernt. Als ihn ein paar Monate später Herr Birker mit dem gleichen Problem wie damals Rosner um Rat fragt, verhält er sich anders. "Ich möchte einfach gern wieder das Verhältnis mit dem zerstrittenen Kollegen in Ordnung bekommen", sagt Birker, "aber ich weiß einfach nicht wie."

"Welche Lösung käme denn für Sie in Frage?", erkundigt sich Schmidt.

Lösungen erfragen

91

Als Birker angestrengt nachdenkt und nichts sagt, unterbricht Schmidt nach kurzer Zeit das Schweigen. "Haben Sie nicht schon einmal daran gedacht, den Kollegen einfach mal zu einem Glas Bier einzuladen und das Ganze zu bereinigen?" "Nein, nein," fährt Birker erschrocken auf, "so eine Einladung traue ich mich nicht, sonst hätte ich es ja schon längst gemacht." "Und wenn Sie ihn einfach einmal in der Frühstückspause ansprechen?", kommt Schmidt langsam auf Touren. "Geht auch nicht. Das wollte ich neulich machen. Aber als ich auf ihn zuging, hat er mich so komisch angeschaut. Da bin ich gleich wieder umgedreht." "Und wenn sie zu dritt zusammen mit einem Vorgesetzten ein klärendes Gespräch führen würden?", sucht Schmidt weiter. "Da würde ich mich ja unheimlich blamieren", erschrickt Birker, "wenn ich nicht in der Lage wäre, so etwas allein zu bereinigen."

Inzwischen ist Schmidt gereizt, weil Birker alle seine Vorschläge ablehnt. "Vielleicht ist Ihr Kollege einfach ein Ekel und es ist besser, wenn Sie den Kontakt nicht wieder aufnehmen!" meint er sauer. Betreten zieht Birker ab.

Kardinalfehler

Es gibt einen Kardinalfehler, der mir in allen Seminaren bei Teilnehmern auffällt, ganz gleich, ob es Trainer, Führungskräfte oder Verkäufer sind. Der Fehler ist: Man läßt dem Gegenüber nicht genügend Zeit, die eigene Lösung zu finden. Dieser Fehler verhindert, daß andere ihre eigene Lösung entwickeln können.

Jemand stellt dem Partner eine Frage. Während dieser nach einer Antwort sucht, platzt der Frager in die Überlegungen hinein und kommt mit den eigenen Antworten und Vorschlägen.

Auffällig ist ein ähnlicher Mechanismus in Seminaren. Ich stelle als Trainer einem Teilnehmer eine Frage, über die er nachdenkt. Nach wenigen Sekunden fangen die anderen Teilnehmer an, Antworten herauszusprudeln.

Lösungen brauchen Zeit

Es ist so, als ob Gesprächspausen, die länger als drei Sekunden dauern, unerträglich oder ungehörig wären. Wir können keine längere Pause aushalten und versuchen schnell, dem anderen zu Hilfe zu kommen. Wir erkennen nicht, daß wir mit dieser Form von Hilfe andere behindern.

Gesprächspausen ertragen lernen

Statt dessen ärgern wir uns, wenn der Gesprächspartner nicht auf unsere Vorschläge hören will und sich gegen unsere Rat-Schläge wehrt. Denn Ratschläge sind auch Schläge!

Schläge durch Ratschläge?

Kein Trainer muß sich wundern, kein Vorgesetzter muß staunen und kein Verkäufer muß große Augen machen, wenn ihre Partner bei solchem Verhalten unwillig und ungehalten reagieren. Wer reflexhaft seine eigenen Antworten in Denkpausen des anderen stopft, der muß nicht überrascht sein, wenn der Partner keine Lust auf weitere Gespräche hat.

Deshalb gilt, wenn ich jemand bei eigenen Lösungen unterstützen will:

> **ANREGUNG**
>
> Lassen Sie Ihrem Gegenüber die Z e i t, die er braucht, um die eigenen Antworten zu geben und die eigenen Lösungen zu entwickeln. Wenn Sie eine Frage gestellt haben, dann seien Sie so lange still, bis Ihr Gegenüber wieder zu sprechen beginnt!

Augenstellung gibt Rückschlüsse

NLP hat herausgefunden, daß man von der Augenstellung (Blick nach links, rechts, oben, unten) auf bestimmte Gedankenprozesse rückschließen kann.

Die erste, einfachste und wichtigste Anwendung dieser Erkenntnisse ist die:

Zeit für gedankliche Prozesse geben

Wenn sich bei einer Person die Augen bewegen oder starr "ins Leere" schauen, dann denkt sie nach, und im Gehirn arbeitet es. Diese Prozesse sind wichtig und nehmen einen Großteil der Aufmerksamkeit gefangen. Wenn ein anderer während dieser Zeit weiter erzählt, selbst Antworten gibt oder neue Fragen stellt, dann stört er die Prozesse dieser Person. Wer gestört wird, kommt aus seiner Bahn und wird unwillig. Beachten Sie deshalb: Stören Sie Ihr Gegenüber nicht bei seinen Denkprozessen!

Denkpause bedeutet eine gute Fragestellung

Machen Sie sich klar: Denkpausen des Gegenübers sind der Beweis dafür, daß Sie eine gute Frage gestellt haben.

Als gute Frage bezeichne ich eine Frage, die in neue Bahnen führt, neue Denkwege eröffnet und so alte Gedankenmuster in Frage stellt. Um eine derartige Frage zu beantworten, braucht der Beantworter Zeit. Er muß nach innen gehen. Wichtige gedankliche Prozesse laufen ab. Das Ergebnis wird dann eine eigene Antwort aufgrund eigenen Denkens sein.

Eine solche Antwort ist von hohem Wert, denn der Beantworter steht hinter dem, was er sagt. Gleichzeitig ist die Antwort ganz und gar auf ihn zugeschnitten. Sie paßt wie ein Maßanzug. Eine solche Antwort wird Konsequenzen haben, denn im langen Denkprozeß wurde Neuland betreten und erforscht. Neues Denken erzeugt neues Verhalten.

Neues Denken erzeugt neues Verhalten

Gehen wir noch einmal zu dem Ausgangsbeispiel zurück. Schmidt wird einen ersten Teilerfolg erzielen. Wenn Sie erfassen wollen, wie Schmidt diesen Erfolg in diesen fünf Minuten erreicht hat, machen Sie die folgende Übung.

ÜBUNG

Analysieren Sie den folgenden Text unter dem Gesichtspunkt: Was genau sagt Schmidt und welche Wirkung erzielt er damit?

Rosner ist inzwischen so verzweifelt, daß er zwei Wochen später Schmidt noch einmal um Rat fragt. Er hat sich nun auch mit zwei weiteren Kollegen heftig gestritten und isoliert sich immer mehr. "Ich möchte wieder ein gutes Arbeitsverhältnis", meint Rosner, "aber ich weiß einfach nicht wie."

Erfolgreiches Unterstützen bei der Lösungsfindung

"Nehmen Sie doch einmal den Kollegen, mit dem Sie schon am längsten zerstritten sind", schlägt Schmidt vor. "Welche Lösung käme denn für Sie bei ihm in Frage?" "Aber das weiß ich ja gerade nicht", entgegnet Rosner etwas unwillig. "Deswegen frage ich Sie ja um Rat!"

"Es ist sicherlich keine einfache Frage", meint Schmidt. "Aber was wäre denn ein Schritt zu einer möglichen Lösung?" Rosner kommt ins Grübeln. Schmidt läßt ihm die

Der 1. Schritt zur Lösung

Zeit, ohne zu stören. Schließlich meint Rosner etwas zögernd: "Wir müßten einfach wieder einmal ganz normal miteinander reden." Dann nach einer kurzen Pause plötzlich abrupt: "Aber das geht in der jetzigen angespannten Situation einfach nicht!"

"Gut", meint Schmidt, "daß Sie jetzt die Richtung haben, nämlich wieder einmal ganz normal miteinander reden. Vielleicht gibt es einen ersten Schritt von Ihnen, der in diese Richtung führt?" Wieder überlegt Rosner lange. Schließlich sagt er: "Ich könnte einfach wieder anfangen zu grüßen, wenn ich ihn morgens sehe. Das mache ich nämlich seit damals nicht mehr." "Sehr gut", freut sich Schmidt. "Nach diesem ersten Schritt, was könnten Sie als nächstes tun?"

Konstruktive Richtung einleiten

Die Analyse zeigt, daß Schmidt konsequent in eine konstruktive Richtung anleitet.

"Nehmen Sie doch einmal den Kollegen, mit dem Sie schon am längsten zerstritten sind. Welche Lösung käme denn für Sie bei ihm in Frage?"

Konkretisierung des Problems

Diese Frage ist die Frage nach dem Ziel, die schon beim Zielrahmen erörtert wurde. Schmidt nimmt einen wichtigen Schritt vor. Er konkretisiert, indem er das Problem untergliedert. Es kann gut sein, daß die vielen Probleme mit den Kollegen gemeinsame Wurzeln haben. Wenn nicht oder wenn nicht offensichtlich, dann kann ein Gespräch über Probleme mit drei Kollegen gleichzeitig sehr chaotisch werden. Denn ständig tauchen andere Aspekte auf.

Das Gespräch wird effektiver, wenn zunächst nur das Problem mit einem Kollegen behandelt wird. Falls gemeinsame Ursachen da sind, läßt sich die erste Lösung möglicherweise leicht auf das zweite Problem übertragen. So macht es der Frager dem anderen und auch sich selbst einfacher. Schmidt fragt nach dem Kollegen, mit dem der längste Streit besteht, weil dieser möglicherweise die "härteste Nuß" ist. Hinterher sind die anderen Lösungen einfacher zu finden.

Eine andere produktive Möglichkeit wäre es, wenn Schmidt einfach fragt, welchen Konflikt Rosner als erstes anschauen möchte. Etwa so:

Konfliktwahl für den 1. Schritt

"Sie möchten das Verhältnis mit allen Kollegen verbessern. Es ist vielleicht einfacher, wenn wir erst einmal nur die Beziehung mit einem Kollegen anschauen. Welchen möchten Sie nehmen?"

Und das Wichtigste: Schmidt fragt nach der Lösung. Er fragt nicht nach den Ursachen. Er will an dieser Stelle nicht in der Vergangenheit wühlen, sondern konstruktiv in die Zukunft gehen.

Konstruktiv in die Zukunft schauen

Durch seine Frage vermittelt er gleichzeitig, daß es - selbstverständlich! - Lösungen für diesen Zustand gibt.

"Aber das weiß ich ja gerade nicht", entgegnet Rosner etwas unwillig.

"Es ist sicherlich keine einfache Frage. Aber was wäre denn ein Schritt zu einer möglichen Lösung?"

Der Widerstand des Problembeladenen an dieser Stelle ist ganz natürlich. Denn da hat sich jemand schon wochenlang mit einem Problem gequält und keine Lösung gefunden und fragt endlich einen anderen um Rat. Und dieser gibt die Frage wieder zurück!

Auch schwierige Fragen sind beantwortbar

Eine einfache Hilfe besteht darin, dem Frager recht zu geben, daß die Frage schwierig ist und weiter zu warten. Dadurch vermittelt der Frager, daß die Frage beantwortbar - wenn auch nicht einfach - ist.

Es ist in der Praxis eher erstaunlich, daß der anfängliche Widerstand, selbst eine Antwort zu geben, so schnell und so leicht aufgegeben wird. Es erfordert lediglich eine gewisse Hartnäckigkeit und Geduld des Fragers, gepaart mit der Überzeugung, daß der andere die richtigen Antworten weiß.

Jeder ist sein eigener Problemlöser

Schmidt unterstützt Rosner darüber hinaus, indem er das Ziel auf "einen Schritt" verkleinert. Dadurch geraten auch kleine Verhaltensänderungen ins Blickfeld. Gedankenprozesse regt Schmidt auch an, wenn er von "e i n e r *möglichen Lösung"* spricht. Es geht also nicht um d i e perfekte und optimale Lösung. Das wäre ein Anspruch, der Druck und damit sofort automatisch wieder Denkblockaden erzeugt.

Schließlich meint Rosner etwas zögernd: "Wir müßten einfach wieder einmal ganz normal miteinander reden." Dann nach einer kurzen Pause plötzlich abrupt: "Aber das geht in der jetzigen angespannten Situation einfach nicht!"

"Gut", meint Schmidt, "daß Sie jetzt die Richtung haben, nämlich wieder einmal ganz normal miteinander reden."

Nachdenken über Lösungen erzeugt Ressourcen

Dank der Beharrlichkeit von Schmidt vollzieht Rosner einen wichtigen Schritt: Er fängt an nachzudenken. Allein schon die Beschäftigung mit möglichen Lösungen erzeugt einen ressourcevolleren Zustand. Aber bevor neue Lösungen greifbar werden, folgt oft der Schritt, noch einmal zurückzufallen in den alten blockierten Zustand. *"Das geht einfach nicht."*

Schmidt hat die Wahl, auf welchen Beitrag von Rosner er eingeht. Wenn er jetzt fragen würde "Warum geht das nicht?" wäre wieder die Richtung zurück ins Problem eingeschlagen.

Statt dessen bekräftigt Schmidt den kleinen positiven Schritt, den Rosner als erstes getan hat. Oder genauer formuliert: Schmidt nennt Rosners allgemeinen Satz *"Wir müßten einfach wieder einmal ganz normal miteinander reden"* eine Angabe der Richtung. Er vermittelt dadurch Rosner, daß er bereits auf dem Weg zu einer Lösung ist, denn Rosner weiß ja bereits die Richtung.

Kleine Schritte bekräftigen

Schmidt weiter: "Vielleicht gibt es einen ersten Schritt von Ihnen, der in diese Richtung führt?"

Wieder unterstützt Schmidt Rosner, indem er den nächsten Schritt noch kleiner ansetzt, nämlich einen Schritt, der lediglich in diese Richtung führt. Bewußt formuliert er wieder vage (*"Vielleicht gibt es ..."*), um Denkprozesse anzuregen. Ganz selbstverständlich setzt er inzwischen voraus, daß Rosner selbst aktiv wird (*"ein erster Schritt von Ihnen"*) und nicht etwa auf eine Veränderung beim Kollegen wartet.

Wieder überlegt Rosner lange. Schließlich sagt er: "Ich könnte wieder anfangen zu grüßen, wenn ich ihn morgens sehe. Das mache ich nämlich seit damals nicht mehr."

"Sehr gut", freut sich Schmidt. "Nach diesem ersten Schritt, was könnten Sie als nächstes tun?"

Das lange Nachdenken zeigt, daß wichtige Prozesse bei Rosner in Gang kommen. Möglicherweise ist ein äußerlich kleiner Schritt wie ein Gruß innerlich ein riesiger Schritt durch viele alte Blockaden hindurch.

Was langes Nachdenken zeigt

Ohne Druck die Schritte gehen

Schmidt erkennt diesen Schritt an. Er ist gefühlsmäßig beteiligt und freut sich deshalb über jeden Lösungsschritt - und mag er noch so klein sein. Er nutzt die Offenheit, die Rosner im Moment hat, um noch mehr Schritte zur Lösung hin zu finden. Vorausgesetzt wird weiterhin, daß Rosner aktiv bleibt. Dabei nutzt Schmidt immer wieder den Konjunktiv (*"könnten"*) als Möglichkeitsform. Er setzt Rosner nicht unter Druck, bestimmte Schritte zu tun, sondern er erleichtert die Suche nach Schritten. Irgendwann weiß dann Rosner, was er tun will.

Hilfe zur Selbsthilfe

Fassen wir zusammen, was sich als wichtig erweist, um den anderen bei der Suche nach eigenen Lösungen zu unterstützen:

Methode
UNTERSTÜTZUNG BEI FREMDEN LÖSUNGEN

1. Konkretisieren Sie e i n Problem.

2. Fragen Sie nach zukünftigen Lösungen.

3. Erleichtern Sie die gedankliche Suche nach Lösungen, indem Sie offen und vage (Konjunktiv!) formulieren.

4. Suchen Sie den ersten kleinen Schritt, der in die Richtung einer Lösung führt.

5. Ermuntern und verstärken Sie jede Aussage, die in diese Richtung führt.

Wichtig dabei:

- Lassen Sie dem Gesprächspartner Zeit, seine Antworten zu finden.

- Vertrauen Sie darauf, daß Ihr Partner die Antworten weiß.

- Nehmen Sie Anteil und engagieren Sie sich dafür, daß eine Lösung gefunden wird.

Wenn Ihr Gesprächspartner keine Lösungen findet, dann liegt es oft nicht an mangelnder Fragetechnik, sondern an Ihrer eigenen Unsicherheit, dem anderen zu vertrauen. Denn wie können Sie Sicherheit ausstrahlen, daß Ihr Gesprächspartner alle Antworten in sich trägt - wenn Sie nicht wirklich daran glauben?! Eine solche Sicherheit können Sie sich nicht anlesen oder einbilden, sondern Sie brauchen genügend Erfahrungen, die Ihnen bestätigen, daß diese Annahme berechtigt ist.

Vertrauen in die Fähigkeiten des anderen

Das heißt für Sie: Es führt kein Weg daran vorbei, selbst mit diesen Ansätzen und Gesprächsformen zu experimentieren. Je mehr Sie das tun, desto sicherer werden Sie sein.

Experimentieren gibt Sicherheit

Hier noch einige Möglichkeiten für Sie als Trainer, wenn ein Teilnehmer Sie nach der Lösung zu seinem Problem fragt:

"Was war Ihre bisherige Lösung?"

Die Antwort gibt wertvolle Hinweise auf bisherige Lösungsversuche. Häufig ergeben sich aus der Antwort Gedanken für die nächsten Schritte.

"Was wäre ein Antwort, die passen würde?"
"Was würden Sie sich selbst als Rat geben?"

<small>Fragen, die nach "außen" führen</small>

Das sind zwei Fragen, mit denen Sie Ihr Gegenüber dazu veranlassen, sich die Situation von außen anzuschauen und so die eigenen Ressourcen auszuschöpfen.

Wenn Sie keine Antwort auf eine Frage nach einer Problemlösung wissen, antworten Sie ruhig:

"Da weiß ich auch keine Lösung."

Es scheint Leute zu geben, die denken, daß es für jedes Problem jemanden gibt, der für Sie die richtige Antwort weiß (so wie es Trainer gibt, die glauben, auf jede Frage eine Antwort haben zu müssen). Indem Sie Ihr Nichtwissen zugeben, werfen Sie den Frager wieder zurück auf sich selbst - und außerdem erzielen Sie einen Verblüffungseffekt.

<small>Nutzen des gesammelten Potentials</small>

Besonders anregend in Seminaren ist es, wenn der Trainer bei Problemen der Teilnehmer das gesammelte Potential an Erfahrungen und Wissen der Anwesenden nutzt. Die Kunst besteht darin, dieses Wissen dem, der eine Lösung sucht, ebenfalls nur als Anregung anzubieten.

Frau Schwarz hat ein Problem mit ihrem Chef, der sie (nach einem Zeitmanagementseminar, in dem er delegieren lernte) mit Arbeit zuschüttet. Das führt dazu, daß Frau Schwarz immer öfter abends im Büro bleiben muß. Dreimal wollte sie mit ihrem Chef ein Gespräch zu diesem Thema führen, wurde aber jedesmal abgewimmelt. Statt dessen wird sie selbst auf ein Zeitmanagementseminar geschickt. Dort fragt Frau Schwarz um Rat: "Was soll ich nur tun?"

Trainerin Schulze notiert als erstes am Flip-chart: Chef überhäuft mit Arbeit und verweigert das Gespräch. Möglichkeiten für den Betroffenen? Dann wendet sie sich an die anderen Teilnehmer und fragt: "Welche Lösungsmöglichkeiten fallen Ihnen zu diesem Problem ein?"

Die Kollegen sprudeln Ideen heraus, die Trainerin Schulze alle kommentarlos am Flip-chart notiert: "Hartnäckiger sein", "Arbeit liegenlassen", "Sich auf das Gespräch mit dem Chef besser vorbereiten", "Krank machen und dann sehen, wie die Arbeit aufgeteilt worden ist", "Den Chef um klare Prioritäten ersuchen", "Übersicht über den Arbeitsanfall während einer Woche erstellen", "Selbst mehr delegieren".

Die Gruppe gibt Anregungen

Mit diesen Lösungsideen wendet sich die Trainerin wieder Frau Schwarz zu:

"Was erscheint Ihnen von all den Ideen am sinnvollsten und Ihrer Situation angemessen?"

Der Betroffene kann wählen

Frau Schwarz überlegt. Schließlich meint sie: "Ich komme wohl nicht um ein ernsthaftes Gespräch mit meinem Chef herum, weil z. B. krank machen - das paßt für mich und meine Situation überhaupt nicht. Aber für das Gespräch müßte ich mich besser vorbereiten. Und in jedem Fall wäre die Übersicht über den Arbeitsanfall eine wichtige Hilfe. Vielleicht können wir das Gespräch einmal im Rollenspiel ausprobieren?"

In meiner Seminarpraxis erweist sich die gerade angeführte "Flip-chart-Technik" als hilfreich. Sie eignet sich sehr gut, wenn ein Teilnehmer eine Lösung für ein Problem will, das auch anderen vertraut ist. Die Flip-chart-Technik kombiniert

Flip-chart-Technik als Problemlöser

103

das Sammeln von möglichst vielen Lösungsideen mit der Entwicklung von individuellen Lösungen.

Methode
FLIP-CHART-TECHNIK

1. Das Problem auf das Flip-chart schreiben.

2. Frage an alle Teilnehmer: "Wie würden die anderen das lösen?"

3. Alles notieren - auch die eigenen Ideen.

4. Frage an den, der das Problem hat: "Was davon können Sie in welcher Weise nutzen?"

5. Dem Betroffenen Zeit und Unterstützung geben, die eigene Lösung zu entwickeln.

Was tun, wenn Sie keine Antwort wissen?

Ich kam zu dieser Technik, als ich einmal auf eine Frage eines Teilnehmers keine Antwort wußte. Beim Notieren von Vorschlägen der Teilnehmer kamen mir zusätzliche eigene Ideen, die ich ebenfalls notierte. Schließlich entwickelte der Frager daraus eine Lösung, mit der er sehr zufrieden war.

Wenn Sie diese Technik anwenden, stoßen Sie möglicherweise - wie ich - bei den ersten Versuchen auf folgende psychologischen Barrieren bei sich selbst: Viel einfacher läßt sich die Arbeit ja wirklich nicht machen! Das sieht ja aus, als ob ich mich vor meiner Arbeit als Trainer drücke. Was sollen die Teilnehmer nur denken?

Aber: Mit dieser Technik schöpfen Sie das ganze Potential der Seminarteilnehmer aus. Je häufiger Sie die Technik einsetzen, desto mehr werden Sie sie schätzen lernen. Denn sie bringt eine Fülle von Lösungsvorschlägen, viel mehr als die, auf die Sie allein gekommen wären. Das heißt: Sie erledigen Ihre Arbeit als Trainer besonders gut!

Was ist die Arbeit des Trainers?

ANREGUNG

Tun Sie weniger - und erreichen Sie dadurch mehr. Aktivieren und nutzen Sie die Potentiale aller Teilnehmer.

1.5 Die unterschiedlichen Wahrnehmungsstile berücksichtigen

Eine der ersten Entdeckungen von NLP war die Bedeutung der unterschiedlichen Wahrnehmungsstile.

Fünf Sinne hat der Mensch: Sehen, Hören, Spüren/Fühlen, Riechen, Schmecken. Die wichtigsten sind das Sehen (visuelle Wahrnehmung), Hören (auditive Wahrnehmung) und das Spüren und Fühlen (kinästhetische Wahrnehmung).

Fünf Sinne nehmen wahr

Die meisten von uns bevorzugen einen oder zwei dieser Sinne. Deshalb ist es zunächst für Sie als Trainer folgende Frage von Bedeutung:

FRAGE

In welchem Sinneskanal liegt Ihre bevorzugte Wahrnehmung?

Sind Sie jemand, für den das Sichtbare besonders wichtig ist? Angefangen von den Zeichnungen auf dem Flip-chart bis zur Gestaltung der Unterlagen?

Oder erzählen Sie gern und viel, und das Gespräch ist eines Ihrer wichtigsten Lehrmittel? Vielleicht brauchen Sie aber auch Bewegung und Handlung und möchten gern, daß Ihre Teilnehmer Erfahrungen machen statt bloß "Einsichten" erhalten? Spüren Sie lieber hin, als daß Sie sich ein Bild machen?

Der Trainer und seine Wahrnehmung

Wenn Sie Ihre Stärken kennen, dann wissen Sie gleichzeitig, welche Teilnehmer Sie besonders gut erreichen, nämlich die mit der gleichen Bevorzugung. Wenn Sie Ihre Fähigkeiten erweitern wollen, dann werden die Überlegungen wichtig für Sie, wie Sie Teilnehmer in anderen Sinneskanälen ansprechen können.

FRAGE

Welche Möglichkeiten entdecken Sie, um Ihre Teilnehmer stärker als bisher
- **über die Augen zu erreichen?**
- **über die Ohren zu erreichen?**
- **über das Gefühl und das Spüren zu erreichen?**

Auch Sprache drückt Wahrnehmung aus

Die Wirkung der Wahrnehmungsstile erstreckt sich auch auf die Sprache, die Sie benutzen. An der Sprache wird erkennbar, welche Wahrnehmung jemand bevorzugt. Er gebraucht nämlich Worte und sprachliche Bilder, die aus diesem Wahrnehmungskanal stammen.

"Seh-Sprache"

Der "am Auge" orientierte Mensch

- macht sich ein Bild von etwas,
- sieht keine Perspektiven oder

- es geht ihm ein Licht auf.
- Er will gern Einblick bekommen,
- obwohl er manchmal schwarz sieht,
- aber letztlich ist dann doch alles klar und überschaubar.

Der "am Ohr" orientierte Mensch wird andere Worte verwenden. Er achtet darauf, | "Hör-Sprache"

- ob etwas gut klingt,
- stimmig ist
- oder Resonanz findet.
- Manchmal kommt er aus dem Takt,
- ist mißgestimmt,
- obwohl vieles ihn anspricht.

Der "am Gefühl" orientierte Mensch spürt und fühlt am liebsten. | "Fühl-Sprache"

- Er möchte die Dinge in den Griff bekommen,
- etwas anpacken
- oder begreifen.
- Er verleiht gern Nachdruck,
- wenig erschüttert ihn
- oder bringt ihn aus dem Tritt.
- Das fühlt sich gut an, nicht wahr?

| Alle Wahrneh- | In Ihrer Arbeit als Trainer werden Sie dann alle Teilnehmer
| mungskanäle | erreichen, wenn Sie alle Wahrnehmungskanäle sprachlich
| berücksichtigen | mit einbeziehen.

ANREGUNG

Achten Sie genau auf die unterschiedlichen Wahrnehmungskanäle. Erweitern und üben Sie Ihre Fähigkeiten, die Sprache aller Kanäle in Ihren Seminaren zu sprechen!

---

1. 6 Kleingruppen als Quelle von Ressourcen

| Vor der großen | *Ein zweitägiges Seminar zur Streßbewältigung. Die 12 Teil-*
| Gruppe: | *nehmer arbeiten zunächst anhand von Arbeitsblättern*
| Es sprechen | *Fragen zu ihrem persönlichen Streßverhalten durch.*
| immer die | *Anschließend ist das Treffen im Plenum, um die Ergebnisse*
| Gleichen | *auszutauschen. Leider wird diese Möglichkeit nur von einigen wenigen wahrgenommen. Die anderen halten sich zurück und werden bei den Diskussionen der drei am meisten Engagierten eher noch zurückhaltender. Als der Trainer bittet, daß jeder Stellung nimmt, werden wortkarge Äußerungen wie "Doch, war sehr interessant" und "Fand ich wirklich gut, die Übung" gemacht. Dabei reden doch die Teilnehmer abends am Tresen höchst angeregt miteinander ...*

| Die Chancen der | Eine der besten Möglichkeiten, Ressourcen in Seminaren zu
| Kleingruppen: | wecken und zu nutzen, sind Kleingruppen.
| Auch "Stille"
| kommen eher zu | Viele Trainer, Gruppenleiter und Dozenten unterschätzen die
| Wort | Chancen von Kleingruppen. Statt dessen sind Seminare,

Arbeitsgruppen und Lehrveranstaltungen zu leiterzentriert und leiterorientiert.

Vergleichen wir das obige Beispiel mit folgendem:

Die Teilnehmer haben im Streßseminar die Arbeitsblätter bearbeitet. Jetzt schlägt der Trainer vor, Dreiergruppen zu bilden, sich zusammenzusetzen und sich auszutauschen. Innerhalb kürzester Zeit entwickeln sich in allen Gruppen lebhafte Gespräche. 20 Minuten scheinen für die Teilnehmer wie im Flug zu vergehen.

Von der Schule und der Universität her kennen wir es, daß meistens nur einer redet, und das ist der Lehrer oder Professor. Er redet deshalb, weil er mehr weiß und weil die Zuhörer von diesem Wissen lernen wollen. Manchmal stellen Hörer Fragen, um etwas von dem Wissenden erklärt zu bekommen. Ab und zu gibt es heftige Kritik, und man versucht, dem Lehrenden klar zu machen, daß sein Wissen falsch ist.

<small>Die bekannte Schulsituation: Einer redet!</small>

Aber der grundsätzliche Unterschied von oben und unten bleibt. Man erkennt den anderen als den Überlegenen an - daher auch die große Enttäuschung (oder Freude), wenn er einmal nicht diesen Erwartungen entspricht.

Auch ein Trainer kann diese Rolle spielen. Viele lieben diese Rolle. Der Trainer fühlt sich souverän und erfahren, verbunden mit einem Wissen, das dem der anderen überlegen ist. Er wird bei jeder Frage eine Antwort wissen. Teilnehmer dürfen sich mit Fragen an ihn wenden ("Was soll ich tun?") und sie erhalten - seiner Meinung nach - die jeweils richtige Antwort. Wenn seine Vorschläge nicht angenommen werden, dann liegt es in seinen Augen nicht an seinem (unpassenden) Rat,

<small>Der Trainer als Besserwisser</small>

sondern daran, daß die Zuhörer nicht willig oder fähig genug sind.

Der Trainer im Boot mit den Teilnehmern

Die neue Rolle ist anders. Der Trainer sitzt im gleichen Boot wie die Teilnehmer. Er ist nicht mehr der, der alles am besten weiß. Seine Aufgabe ist es, die anderen bei dem Prozeß, ihre eigenen Lösungen zu entwickeln, auf die bestmögliche Weise zu unterstützen. Bei vielen Fragen steht er auf der gleichen Ebene mit den Teilnehmern.

Zwar wird er in seinen inhaltlichen Spezialgebieten den anderen überlegen sein. Der Trainer für Zeitmanagement wird sich in vielen Methoden des Zeitmanagements auskennen. Aber: Was davon für den einzelnen Teilnehmer sinnvoll und angemessen ist, das wird er nie so gut wissen können wie der Betreffende selbst. Sein inhaltliches Wissen ist daher als Anregung zu verstehen, nie aber als "Das ist das einzig richtige Verhalten! So mußt du es machen!" Die übermenschliche Aufgabe, für jede Frage die richtige Antwort zu haben, will er sich nicht auflasten.

Inhaltliches Wissen als Anregung

Kleingruppe zur Förderung partnerschaftlichen Austausches

Die Kleingruppe ist der Rahmen, der den partnerschaftlichen, gleichberechtigten Austausch fördert. Wie wirksam der Einsatz von Kleingruppen ist, erlebte ich in einer Projektgruppe. Unser Ziel war es, ein Seminarkonzept für die 600 Führungskräfte des Unternehmens zu erarbeiten.

Wie gemeinsam ein Seminarkonzept erarbeiten?

Gemeinsam treffen sich der Personalchef, fünf Führungskräfte und drei freie Trainer, um in fünf Tagen kurz vor Weihnachten ein Seminarkonzept für die Verbesserung der Zusammenarbeit zu erarbeiten. Die Ausgangsidee ist, die Erfahrungen aller Anwesenden zu nutzen. Ohne daß einer die Leitung übernimmt, soll gleichberechtigt ein gemeinsames Konzept erarbeitet werden. Schnell prallen jedoch die unterschiedlichen Vorstellungen aufeinander. Jeder hat andere Ideen und ein Konsens scheint unmöglich. Statt dessen sitzen wir tagelang in der großen Runde, reden uns die Köpfe heiß, ohne daß wir uns auf einzelne Schritte einigen können. Die Stimmung wird angespannter, das Arbeitsklima immer unerfreulicher.

Nach zweieinhalb Tagen ergreift der Personalchef die Initiative und schlägt vor, daß die Trainer abwechselnd die Gruppe moderieren sollen. Es trifft mich als ersten. Meine erste Strukturierung ist es, Dreiergruppen bilden zu lassen. Jede Gruppe hat drei Stunden Zeit, ein optimales Konzept zu erarbeiten.

Die Atmosphäre ändert sich schlagartig. Intensive Gespräche und Diskussionen beginnen in drei Räumen. Nach drei Stunden sind drei unterschiedliche Konzepte erarbeitet.

Veränderung der Gesprächssituation in der Kleingruppe

Meine nächste Anregung geht dahin, daß sich neue Dreiergruppen bilden. In diesen Gruppe stellt jeder das Konzept, das er miterarbeitet hat, den anderen vor. Die Aufgabe der Zuhörer ist es, im Feedback herauszustellen, welche positiven Aspekte dieser Vorschlag hat, insbesondere was er noch zusätzlich Neues und Gutes zu den eigenen Ergebnissen enthält.

Ergänzungen durch neue Aspekte

Schließlich finden wir uns wieder in der Großgruppe. Jetzt ist die gemeinsame Arbeitsatmosphäre da. Man hört wieder zu und versucht, die Ideen der anderen zu integrieren. Ein gemeinsames und von allen getragenes Konzept entwickelt sich wie von selbst in wenigen Stunden.

Zusammenführen aller Ergebnisse = gemeinsames Konzept

Dieses Beispiel illustriert die Wirkung und Vorteile von Kleingruppen:

- Jeder Anwesende kommt zu Wort und kann sich ausführlich äußern.
- Die Teilnehmer werden wach und munter.
- Die Teilnehmer engagieren sich bereitwillig.
- Der Rahmen ist intimer als in der großen Gruppe. Der einzelne traut sich leichter, offen und ehrlich Probleme anzusprechen und Lösungen vorzuschlagen.
- Vorschläge können ohne Autoritätsgefälle diskutiert und eventuell auch abgelehnt werden.

Gleichberechtigung in der Kleingruppe

- Grundsätzlich sind alle gleichberechtigt. Wichtig ist, daß alle Anwesenden in den Kleingruppen mitarbeiten. Vorgesetzte haben wahrscheinlich in ihrer Kleingruppe mehr Gewicht. Aber durch die anderen Kleingruppen werden gegenteilige Auffassungen klarer und unabhängiger ausgearbeitet und ausgedrückt.
- Wenn einige gute Gespräche in unterschiedlichen Kleingruppen gelaufen sind, wächst insgesamt das Vertrauen in die ganze Gruppe.

Die Doppelnutzung einer Kleingruppe

Wenn Sie das obige Beispiel betrachten, erkennen Sie, daß die doppelte Nutzung der Kleingruppe hilfreich war. Nach der ersten Runde Kleingruppen waren drei unterschiedliche Konzepte ausgearbeitet worden. Möglich wäre hier gleich der Schritt in die große Runde gewesen, um direkt eine Einigung über das gemeinsame Konzept zu erzielen.

Folgende Bedenken sprachen dagegen: Da das Klima in der Großgruppe nach den vielen bisherigen Diskussionen recht gereizt war, bestand die Gefahr eines Rückfalls. Dann wäre erneut ein Streit "Wer hat das beste Konzept entwickelt?" aufgeflammt. Deshalb war es sinnvoller, den zusätzlichen Zeitaufwand für die zweite Kleingruppenarbeit in Kauf zu nehmen. Die Tatsache, daß die anschließende gemeinsame Arbeit dann so reibungslos verlief, gab dieser Idee im nachhinein recht. Im Endeffekt wurden so Zeit und Nerven gespart.

Ein weiteres Beispiel beleuchtet den Nutzen von Kleingruppen in Seminaren:

Ein Zeitmanagementseminar bei Führungskräften eines technischen Werks: Einer der Teilnehmer spricht das Problem der Ablage an, das er mit den ständig neu auf ihn einströmenden Informationen hat. Mehrere andere Teilnehmer melden sich zu Wort, alle sind an dem Thema interessiert. Keiner ist mit seiner bisherigen Lösung zufrieden.

| In der Kleingruppe nach einer gemeinsamen Lösung suchen

Nachdem ich einige Prinzipien zur Informationsverarbeitung genannt und auf das Flip-chart geschrieben habe, fordere ich die Teilnehmer zur Bildung von Vierergruppen auf, möglichst Teilnehmer aus ähnlichen Arbeitsfeldern. Ihre Aufgabe: Erfahrungsaustausch und Erarbeiten eines für sie geeigneten Ablagesystems. Eine Stunde intensiver Gespräche beginnt.

Anschließend in der Gesamtgruppe ergeben sich keine allgemeinverbindlichen Ergebnisse für ein neues Ablagesystem. Aber: Übereinstimmend äußern die Teilnehmer, wie wichtig diese eine Stunde in der Kleingruppe für sie war und wie viele neue Anregungen jeder bekommen hat.

| Ergebnisse zur Zufriedenheit aller

ANREGUNG

Nutzen Sie so oft wie möglich die Kleingruppenarbeit.

Die Größe einer Kleingruppe	Die Größe der jeweiligen Kleingruppe hängt vom Thema ab, das bearbeitet werden soll, außerdem von der Zielsetzung, mit der eine Kleingruppenarbeit eingesetzt wird. Sinnvoll sind je nach Aufgabe Größen zwischen zwei und sieben Teilnehmern.
Herstellung von "Öffentlichkeit"	Wenn ich Kleingruppen einsetze, ist ein wichtiges Ziel für mich, "Öffentlichkeit" herzustellen und zu fördern.
	Nach meinen Beobachtungen stehen sehr viele Leute unter innerem Druck. Sie schlagen sich mit ihren Problemen und Schwierigkeiten herum und glauben oft, daß sie die einzigen sind, die sich so quälen. Andere scheinen glücklicher, zufriedener und erfolgreicher. Damit keiner ihre Schwierigkeiten bemerkt, müssen sie geheimgehalten werden. Das macht noch zusätzlichen Druck.
Bedürfnis nach Austausch befriedigen	Der private und berufliche Alltag bringt so mehr und mehr Isolation, und die innere Einsamkeit wird größer. Eine große Entlastung bringt der Austausch über solche Themen. Innerer Druck löst sich auf, Ressourcen werden wach. Bei den meisten gibt es ein großes Bedürfnis nach solchen Gesprächen.
	Die Gruppengröße, die ich bevorzuge, wenn die Inhalte in den persönlichen Bereich gehen (Streßverhalten, Konflikte mit Mitarbeitern, Lebensziele) ist die Dreiergruppe.
Gegenseitiges Zuhören	Ein Vorteil von Dreiergruppen: Man hört sich gegenseitig zu. Bereits in Vierergruppen läßt sich das Phänomen beobachten, daß sich irgendwann Zweiergruppen bilden, die dann zwei Gespräche gleichzeitig führen.
	Die Dreiergruppe ist in gewisser Weise schon "öffentlich". Der Bann "Das kann ich niemandem erzählen" ist bereits gebro-

chen, das Vertrauen in die anderen wächst. Deshalb kann später das gleiche Thema in einer anders zusammengesetzten Kleingruppe leichter wieder angesprochen werden.

Teilnehmer erleben in immer wieder neuen Dreiergruppen, daß die gleiche Offenheit möglich ist. Allmählich erkennen sie, daß alle anderen sich mit den gleichen Ängsten, Problemen und Bedürfnissen herumschlagen. Das beruhigt und macht Mut.

Gleiche Bedingungen für alle

Dabei wird selbstverständlich immer der berufliche Rahmen derartiger Seminare mitberücksichtigt. Es geht nicht um die privaten Schwierigkeiten. Aber der intensive Austausch über schwierige Mitarbeitergespräche oder über den Ärger mit dem Vorgesetzten erfordert bereits eine Menge Vertrauen. Niemand m u ß "auspacken". Es gilt die Spielregel: Sie als Teilnehmer können jederzeit nein sagen.

Teilnehmer dürfen NEIN sagen

Manchmal habe ich den Eindruck, daß bei meinen Seminaren das Wertvollste in diesen Kleingruppen geschieht. Meine Rolle dabei ist lediglich, für ein gutes Klima zu sorgen, ein Thema vorzugeben und dann den Startschuß oder die Erlaubnis zu solchen tiefergehenden Gesprächen zu geben.

1. 7 Bewegung und Entspannung

Die Mittagspause ist zu Ende. Die Teilnehmer kommen zurück in den Seminarraum und machen es sich wieder bequem. Die weichen Stühle tun gut. Die Gedanken schweifen nach Hause. Ein Mittagsschläfchen wäre jetzt das Wahre! Mal abwarten, was der Trainer jetzt so bringt.

Die Teilnehmer aufwecken

Welcher Trainer kennt nicht diese Szene? Jetzt ist seine Kunst gefragt, die Teilnehmer wieder in einen wachen Zustand zu bringen. Viele Möglichkeiten bestehen, durch Themen und Aufgabenstellung munter zu machen. Eine einfache und natürliche Art, Kräfte zu wecken, ist die Besinnung auf die Basis aller Kraft: den Körper. Bewegung ist eine elementare Kraftquelle.

Bewegung als Kraftquelle

Die Kaffeepause ist zu Ende. Die Teilnehmer kommen zurück in den Seminarraum. Der Trainer bittet sie, doch gleich stehen zu bleiben. Die Teilnehmer wissen schon, was als nächstes kommt und stellen sich bereit. Im Kreis stehend fangen sie an, Schulter und Arme zu strecken und zu dehnen. Dazu läuft im Hintergrund eine rhythmische Musik. Nach zwei Minuten gemeinsamen Streckens wählt jeder noch seine eigenen Bewegungen aus, die ihm jetzt gut tun. Der Funke der Musik springt über, und an den Gesichtern zeigt sich, daß es beginnt, mehr und mehr Spaß zu machen. Als die Teilnehmer sich setzen, ist die Stimmung wach und angeregt. Jetzt kann das Seminar richtig losgehen!

Gemeinsam macht es Spaß

Körper und Geist wecken

Wenn wir den Körper aufwecken, wecken wir gleichzeitig unseren Geist auf. Bewegungsübungen bringen bereits innerhalb von zwei bis drei Minuten sichtbare und spürbare Veränderungen. Die Lebensgeister kehren zurück, Müdigkeit und Spannungen lassen nach. In meinen Seminaren und

Workshops führe ich gern am Morgen und nach jeder längeren Pause kurze Bewegungsübungen durch, oft unterstützt durch rhythmische Musik. Je mehr ich selbst den Mut finde, solche Übungen zu integrieren, desto vorteilhafter finde ich die Auswirkungen. Die Teilnehmer sind frischer und offener für den folgenden Seminarstoff. Gleichzeitig entsteht durch das gemeinsame Bewegen ein gemeinsamer Rhythmus und das Zusammengehörigkeitsgefühl wird gefördert.

| Frische und Offenheit

Wichtig ist ein Einstieg mit möglichst einfachen Bewegungen. Sonst geht es Ihnen wie Trainer Schmidt:

Trainer Schmidt hat eine Fortbildung hinter sich. Besonderen Spaß haben ihm nach anfänglichen Hemmungen die Bewegungsübungen gemacht. Ihm ist klar geworden, wie wohltuend sich das auf die eigene Lernfähigkeit auswirkt. Nun hat er sich vorgenommen, das auch in seinen Seminaren einzuführen. Er besorgt sich einen CD-Player und eine CD mit den neuesten Discohits.

Kann es auch schiefgehen?

Als bei der nächsten Sitzung nach zwei Stunden Diskussion alle Köpfe rauchen, nimmt er allen Mut zusammen: "Ich finde Bewegung nach so viel Sprechen einfach gut. Hier habe ich Musik. Tanzen wir doch einfach die nächsten fünf Minuten!" Dann steht er auf, und legt die vorbereitete Musik auf. Er stellt sich hin, dehnt sich kurz und wartet darauf, daß es ihm die anderen nachmachen. Der Jüngste im Kreis springt auf und fängt an, sich zu bewegen. Die anderen schauen skeptisch und kleben an ihren Stühlen fest. Nach einer halben Minute wird es Schmidt peinlich. Mit rotem Kopf stellt er die Musik wieder ab und nimmt sich vor, sich nie wieder mit solchen Vorschlägen zu blamieren.

> **AUFGABE**
>
> Wie ist es zu dem Fehlschlag gekommen?
> Wie würden Sie es besser machen?

Schmidt hat die mentalen Barrieren unterschätzt, auf die er mit seinem Vorschlag gestoßen ist. Den Teilnehmern ist es ungewohnt, sich so zu bewegen. Deshalb sind sie unsicher und eher geneigt, einen solchen Vorschlag abzulehnen. Schmidt hat zu viel auf einmal von ihnen gefordert.

Mentale Barrieren abbauen

Bei derartigen Barrieren gibt es zwei Wege, sie zu überwinden:

- Sie stellen sich mit Ihrer ganzen Energie hinter einen Vorschlag, stecken so die anderen an und helfen ihnen über die Barrieren.
- Wenn Sie neuartige Seminarelemente einführen, gehen Sie behutsam vor und in so kleinen Schritten, daß jeder Teilnehmer sie angstfrei mitgehen kann.

Voll und ganz können Sie sich hinter etwas stellen, das Ihnen vertraut ist. Greifen Sie deshalb auf I h r Know how zurück! Der Skifahrer nutzt Übungen aus der Skigymnastik, der Tennisspieler Tennisgymnastik und der Bewegungsfaule isometrische Muskelübungen.

Demonstrieren Sie alles, was Sie an Anregung geben. Wenn Sie sagen "Jetzt heben wir alle die rechte Schulter", heben Sie gleichzeitig auch Ihre Schulter. Einen kleinen Schritt nach dem anderen gehen Sie gemeinsam mit Ihren Teilnehmern. Erzählen Sie nicht von Ihrem Endziel! Wenn Sie sagen

"Gleich werden wir alle zur Musik tanzen", erzeugen Sie unnötige gedankliche Blockaden ("Nein, das kann ich nicht"). Ein Wort wie "Tanzen" blockiert, weil es z. B. bei vielen Männern negativ besetzt ist. Mit solchen Begriffen holen Sie überflüssige negative Erinnerungen aus der Vergangenheit.

Mit folgendem Aufbau habe ich gute Erfahrungen gemacht. Wenden Sie ihn doch einmal in einem Ihrer nächsten Seminare an!

Kleine Schritte- Große Wirkung

Methode
BEWEGUNGSÜBUNG FÜR ANFÄNGER

"Stehen wir einmal alle auf!" Während Sie das sagen, stehen Sie gleichzeitig auf. Jede Bewegung, die Sie ansprechen, führen Sie gleichzeitig aus. Für jede Bewegung lassen Sie 10 bis 20 Sekunden Zeit.

"Heben Sie den linken Arm in die Waagerechte und bewegen Sie den kleinen Finger in alle Richtungen. Nur den kleinen Finger!... Nehmen Sie jetzt den Ringfinger dazu... Und nun den Mittelfinger. Bewegen Sie nur den kleinen Finger, Ring- und Mittelfinger... Und nun den Zeigefinger dazunehmen... und schließlich den Daumen, so daß Sie alle fünf Finger dehnen und strecken... Das Handgelenk dazunehmen und es dehnen und schütteln... Den Ellbogen einbeziehen und in alle Richtungen bewegen... Jetzt den ganzen Arm von der Schulter aus in alle Richtungen dehnen und schütteln...

Lassen Sie jetzt den Arm wieder hängen, schließen Sie die Augen und vergleichen Sie das Gefühl vom linken und rechten Arm."

Wiederholen Sie die Bewegungen mit dem rechten Arm.

Anschließend stellen Sie die vorbereitete rhythmische Musik an.

"Jetzt bewegen wir beide Arme und Schultern gleichzeitig und dehnen und strecken uns."

Je nach Situation und Zeit können Sie weitere Körperteile einbeziehen (Kopf, Rücken, Becken, Knie und Füße) oder zur Arbeit zurückgehen.

Positive Wirkungen bleiben nicht aus

Überzeugen Sie sich selbst von den positiven Wirkungen auf Ihre Seminarteilnehmer! Da Bewegungsübungen in den meisten Seminaren noch immer ungewöhnlich sind, haben die Teilnehmer - wie auch der Trainer - zunächst eine kleine Hemmschwelle zu überwinden. Aber es lohnt sich!

Nach dem ersten Einstieg geht es jedes Mal leichter, weil alle die wohltuende Wirkung spüren. Eine kurze Bewegungssequenz von drei bis vier Minuten (die durchschnittliche Dauer eines Musikstücks) genügt.

Entspannung ist der zweite natürliche Weg, die eigenen Ressourcen zu wecken.

Entspannung hilft Ressourcen wecken

Entspannung ist eine elementare Fähigkeit. Allerdings haben so viele verlernt, sich zu entspannen, daß es für jeden Trainer gut ist, Entspannung in einfacher Form in seine Seminare zu integrieren.

Auch hier ist es gut, mit kleinen Schritten zu beginnen. Ein erster Schritt kann sein, sich eine entspannende Musik zu besorgen. Nutzen Sie Musik, die Sie selbst schätzen. Fragen Sie die Teilnehmer hinterher kurz, wie diese Phase für sie war und wie ihnen die Musik gefallen hat. (Einige Musikvorschläge finden Sie nach dem Literaturverzeichnis.)

Kurz vor Ende des Seminartags teilen Sie mit, daß, da Entspannung für jeden wichtig ist, jetzt noch einmal fünf Minuten dazu genutzt werden können. Dann machen Sie die Musik an und sind gemeinsam mit Ihren Teilnehmern still. Ein nächster Schritt könnte sein, den Teilnehmern mit Worten positive Anregungen während der Entspannung zu geben.

Zum Beispiel können Sie erst in den Körper spüren lassen und dann an Entspannungssituationen des Alltags erinnern.

Entspannung neu entdecken

Methode
ENTSPANNUNG FÜR ANFÄNGER

Ich mache es mir bequem... Jetzt nehme ich wahr, wie meine Füße auf dem Boden stehen... die Waden... die Knie... und die Oberschenkel. Ich spüre das ganze Gewicht, mit dem mein Körper sich in den Stuhl drückt... und den Rücken an der Lehne... Schultern... Hals und Kopf...Ich spüre die Arme... und die Hände. Mit jedem Einatmen atme ich Sauerstoff, Energie und Wachheit ein... und mit jedem Ausatmen atme ich Spannungen aus...

Mein Körper erinnert sich an Situationen, in denen er sich besonders gut entspannen kann... Vielleicht nach getaner Arbeit im Fernsehsessel... oder in der Badewanne bei einem heißen angenehmen Bad... oder nach dem Sport, wenn ich geduscht habe...

Sprechen Sie dabei langsam und ruhig. Lassen Sie viele lange Pausen. Hilfreich ist dabei, wenn Sie sich selbst ein Stück weit entspannen, während Sie diese Anregungen geben.

Als letztes ein Text (abgewandelt nach Kirschner), den Sie vorlesen und nach dem Sie drei Minuten Stille lassen. Probieren Sie gleich einmal die Wirkung auf Sie selbst aus!

Methode
ATEM UND RUHE

Schließen Sie die Augen und beobachten Sie während der nächsten drei Minuten Ihren Atem. Beobachten Sie ihn, aber zwingen Sie ihn nicht in einen unnatürlichen Rhythmus.

Atmen Sie ein. Ganz ruhig und ohne Hast. Beobachten Sie dabei in Ihren Gedanken, wie sich der Atem in Ihrem Körper nach unten bewegt. Beobachten Sie, wie tief Ihr Atem in den Körper geht. Bis zur Brust? Bis zum Bauch? Bis in den Unterleib? Verändern Sie nichts dabei.

Irgendwann haben Sie genug eingeatmet. Dann wird das Ausatmen erfolgen. Dazwischen gibt es eine kleine Pause, in der Sie nicht mehr einatmen und noch nicht ausatmen. Nehmen Sie bewußt diesen kurzen Moment wahr. Dann beobachten Sie den Atem, wie er den Körper wieder verläßt. Beobachten Sie seinen inneren Weg.

Achten Sie darauf, wie Sie ausatmen, ohne etwas zu verändern, ganz so, wie der Fluß Ihres Atems ist. Dann achten Sie wieder auf die kurze Pause, bevor der Körper von neuem einatmet.

Je selbstverständlicher Sie Entspannungsübungen integrieren, desto leichter machen Sie es sich selbst und Ihren Teilnehmern. Deshalb: Vermeiden Sie aufwendige Einführungen. Stellen Sie es nicht als kompliziert dar. Betonen Sie statt dessen, daß Entspannung ein natürlicher Teil unseres Alltags ist.

Wenn Sie die Arbeit mit Entspannung und inneren Bildern vertieft nutzen wollen, halte ich eine Fortbildung zum Thema "Mentales Training" mit vielen Übungen für sehr wichtig. In meiner eigenen Arbeit profitiere ich von all dem, was ich in solchen Weiterbildungen kennengelernt habe.

2. Trainer nutzen die eigenen Ressourcen

Das Seminar beginnt um 10.00 Uhr. Viertel vor 10, zusammen mit den ersten Teilnehmern, stürmt Trainer Hartmann in den Seminarraum. Da er zuhause noch einen Streit mit seiner Frau hatte, wurde er aufgehalten. Jetzt ist er heilfroh, daß er noch rechtzeitig angekommen ist. Hastig packt er die Unterlagen aus, kippt noch schnell eine Tasse Kaffee hinunter und dann wendet er sich den inzwischen vollzählig erschienenen Teilnehmern zur Begrüßung zu.

Ein guter Anfang?

Wen wundert es, wenn Hartmann große Anlaufschwierigkeiten zu bewältigen hat, die möglicherweise als dauerhafte Störungen aufrechterhalten bleiben? Da kann der Ablauf minutiös mit allen möglichen Varianten geplant sein, da mögen die Unterlagen noch so gut gestaltet sein! Etwas Entscheidendes fehlt: Der Trainer ist nicht im Besitz der eigenen Ressourcen.

Im Besitz der eigenen Ressourcen sein

Welche Faktoren sind hier für den Trainer von Bedeutung?

2.1 Entspannung und Kraft

Mein erstes Zeitmanagementseminar, das ich als Trainer leitete, führte mir drastisch vor Augen, wie stark die Wirkung der eigenen Anspannung auf die Teilnehmer ist.

Die Wirkung auf die Teilnehmer

Das Seminar sollte um 9.00 Uhr beginnen. Ich hatte bis zum Seminarort einen Weg von 200 km zurückzulegen. Es war der Monat Dezember. Ich stellte früh knapp, aber rechtzeitig meinen Wecker und machte mich auf den Weg. Nach kurzer Zeit fing ein Schneegestöber an, das zunehmend stärker wurde. Ich war hin- und hergerissen zwischen den geplanten 120 Stundenkilometern und der zunehmenden Gefährlichkeit wegen des Schnees auf der Straße. Bis ich dann tatsächlich ins Schleudern geriet und an die Mittelplanke der Autobahn fuhr. Zum Glück nur ein leichter Blechschaden, so daß ich weiterfahren konnte! Immer mit der Angst im Nacken, einen weiteren Unfall zu bauen. So kam ich zum Zeitmanagementseminar "nur" mit einer Verspätung von 25 Minuten an.

Vor dem Mittagessen führte ich mit meinen Teilnehmern eine Entspannungsübung durch. Allerdings erlebte ich eine Überraschung. Kaum einer der Teilnehmer berichtete von Entspannung oder einem angenehmen Zustand. Das hatte ich bis dahin noch in keinem Seminar erlebt!

Entspannen Sie sich selbst

Bis mir des Rätsels Lösung am Nachmittag bei einer weiteren kleinen Entspannungsübung aufging. Kurz nach Beginn dieser Übung nahm ich wahr, daß ich ganz stark zu zittern anfing. Dieses Zittern steckte mir noch von dem Unfallschock in den Gliedern. Ich hatte mich bei der ersten Entspannungsübung selbst überhaupt nicht entspannen können. Kein Wunder, daß ich die Teilnehmer nicht zur Entspannung hatte führen können!

Als Grundsatz, dessen Wahrheit bei Seminaren deutlich wird, läßt sich daraus ableiten:

> **GRUNDSATZ**
>
> **Die Teilnehmer werden auf Dauer in einem Seminar nur so entspannt und voller Ressourcen sein, wie es der Trainer auch ist.**

Dieser Satz läßt sich auch auf ganze Unternehmen übertragen!

Wenn ein Trainer seine Teilnehmer in einen ressourcevollen Zustand bringen will, muß er selbst in diesem Zustand sein. Eine Übung aus meiner NLP-Trainerausbildung mag das verdeutlichen: Jeder Teilnehmer sucht sich einen gefühlsmäßigen Zustand aus, in den er in den nächsten 10 Minuten die gesamte Seminargruppe als Spielleiter bringen will, z. B. will er Neugier in der Gruppe wecken. Als ersten Schritt erinnert er sich selbst zunächst an eine Situation, in der er den angestrebten Zustand selbst verspürt hat. Dann stellt er sich ganz lebhaft die alten Bilder dieser Situation vor, um noch stärker die Neugier zu spüren.

Neugier im Seminar wecken

Dann überlegt er sich einen Weg, diese Neugier auch bei den anderen Teilnehmern hervorzurufen, z. B. durch eine spannende Geschichte. Ihm ist bewußt, daß er sich beim Erzählen selbst neugierig fühlen muß. Nur dann wird er die anderen ebenfalls zur Neugier führen können!

Was nicht funktioniert, sind vorgespielte Gefühle, ein "so tun als ob". Eine rein mimische Darstellung eines neugierigen Gesichtsausdrucks und der entsprechenden Körperhaltung ist wirkungslos. Wer kennt nicht aus der eigenen Schulerfahrung den gelangweilten und frustrierten Lehrer, der vergebens versucht, Interesse bei den Schülern für den Schulstoff zu wecken!

Vorgespielte Gefühle funktionieren nicht

Persönlichkeiten, die andere mitreißen

Ein bei anderen angestrebtes Gefühl muß selbst erlebt werden. Am klarsten drückt dies folgender Satz aus: "In dir muß brennen das Feuer, das du in anderen entfachen willst."

Damit wird der Unterschied erklärbar zwischen dem inhaltlich und methodisch perfekten, aber langweiligen Manager oder Trainer, und dem anderen, bei dem die Menschen in seiner Umgebung mitleben, mitfühlen und begeistert sind. Wenn eine solche Persönlichkeit Führungsaufgaben übernimmt, sind die anderen bereit, sich seinem Fluß und Rhythmus, seiner Kraft und Begeisterung anzuvertrauen und sich anstecken zu lassen.

Die Menschen mit Ausstrahlung und Charisma sind mit all ihren positiven Gefühlen anwesend. Sie genießen ihre Arbeit. Dadurch ermöglichen sie es den anderen, den gleichen Genuß und die gleiche Freude in sich zu verspüren.

2. 2 Flexibilität

Trainer Maier hat in seiner jahrelangen erfolgreichen Tätigkeit als Verkaufstrainer ein eigenständiges Konzept der unterschiedlichen Argumentationsmöglichkeiten erarbeitet, auf das er sehr stolz ist. Bei seinen Seminaren mit Verkaufsanfängern stellt er immer wieder voll Zufriedenheit fest, daß die Teilnehmer förmlich an seinen Lippen hängen, eifrig mitschreiben und interessierte Fragen stellen.

Veränderte Situationen

Wieder fängt ein neues Seminar an. Doch dieses Mal sind die Reaktionen anders. Kaum ein Teilnehmer schaut ihn an, keiner schreibt mit. Manche kritzeln in Papieren, andere schauen zum Fenster hinaus. Fragen werden keine gestellt.

Was macht Maier? Bleibt er so vom eigenen Vortrag gefesselt, daß er bis zur Kaffeepause enthusiastisch durchhält? Registriert er die Stille, wird nervös und spricht umso schneller? Fängt er an, Zwischenfragen zu stellen? Macht er eine Pause? Beendet er den Vortrag an dieser Stelle? Bittet er die Teilnehmer um Feedback über das Gehörte? Oder wandelt er die Beispiele ab und beobachtet die Reaktionen seiner Zuhörer? Oder? Oder? ...

Maier hat eine enorme Fülle von Verhaltensmöglichkeiten. Nutzt er diese Möglichkeiten?

Wie weit nutzen Sie Ihre Möglichkeiten in Ihren Seminaren?

Auf Spektrum von Verhaltensmöglichkeiten zurückgreifen

AUFGABE

Denken Sie an eine Situation im Umgang mit Mitarbeitern oder Teilnehmern, die schwierig für Sie war.

1. **Wie haben Sie reagiert?**
2. **Finden Sie drei andere mögliche Reaktionen.**
3. **Was hat Sie davon abgehalten, diese Möglichkeiten auszuprobieren?**
4. **Inwieweit sind eventuelle Ängste realistisch?**

Wenn Ihnen keine drei Alternativen einfallen, dann zeigt das zwei Dinge: wie schwierig die Situation für Sie war und daß Ihre Flexibilität und Kreativität mehr Raum brauchen.

Flexibilität in schwierigen Situationen

Das folgende selbst erlebte Beispiel zeigt, wie ein Trainer seine Flexibilität verlieren kann und welche Folgen das hat:

Eines meiner ersten Seminare im Bereich Führung war ein eintägiges Seminar "Konfliktlösung" an der Industrie- und Handelskammer. Nervös und aufgeregt ging ich in das Seminar, zu dem glücklicherweise nur sechs Teilnehmer kamen. Gemeinsam gestalteten wir den Tag mit Rollenspielen. Jeder arbeitete an seinen Konflikten und entwickelte Lösungen. Der Tag lief hervorragend und war für alle - mich eingeschlossen - sehr bereichernd.

Wie Flexibilität verloren geht

Nach dieser Premiere wartete ich freudig auf die Neuauflage ein halbes Jahr später. Überzeugt von der Qualität meines Ansatzes wollte ich den Erfolg wiederholen - und scheiterte kläglich.

Wie die Trainerrolle entgleitet

Von den neun Teilnehmern kamen drei aus der gleichen Firma, darunter der Juniorchef und ein kurz vor der Pensionierung stehender Abteilungsleiter. Von letzterem kam von Anfang an Widerstand, insbesondere gegen die Durchführung von Rollenspielen. Mit viel Einsatz erreichte ich dann doch, daß eines durchgeführt wurde. Aber in der Auswertungsphase brach das Chaos aus. Alle sprachen wild durcheinander, keiner hörte mehr zu und meine Versuche zu strukturieren, wurden einfach ignoriert. Die Trainerrolle entglitt mir immer mehr.

Die Trainerrolle zurückgewinnen

Mit letzter Verzweiflung vollzog ich nach der Mittagspause die Kehrtwendung weg von den Rollenspielen. Ich stellte mich an das Flip-chart und dozierte zwei Stunden lang über Modelle von Konfliktentstehung und -lösung. Ich gewann - glücklicherweise - die Aufmerksamkeit wieder, und zum Schluß kam noch ein fruchtbarer Austausch mit den Teilnehmern zustande.

Beim Schlußfeedback fanden von den neun Teilnehmern ein Drittel das Seminar wertvoll (es waren diejenigen, die am Morgen Rollenspiele durchgeführt hatten), ein Drittel fand es nutzlos und das letzte Drittel meinte, sie hätten das Seminar in umgekehrter Reihenfolge, erst die Theorie und dann die Rollenspiele, erheblich besser gefunden.

Hinterher war ich geschafft, immer noch schockiert und wollte für die nächsten drei Jahre mit dem Seminarthema "Konflikte lösen" nichts mehr zu tun haben.

Was geschehen war: Beim ersten Seminar herrschten bei mir Aufregung und Spannung, also Lampenfieber vor. Das führte dazu, daß ich mich genau auf die Teilnehmer einstellte. Im zweiten Seminar war ich zunächst nur meinem - einmal erfolgreich gewesenen - Konzept gefolgt, anstatt mich auf die Teilnehmer einzustellen.

Auf die Teilnehmer einstellen

Lampenfieber macht wach und energiegeladen. Jeder kleine Schritt am Anfang im Seminar ist bedeutungsvoll und gleichzeitig ein kleines Wagnis. Irgendwann ist dann der Draht zu den Teilnehmern hergestellt und aus dieser Sicherheit kann der Trainer sein volles Können einbringen. So war es in dem ersten erfolgreichen Seminar gewesen.

Der Erfolg führte dann zu einer neuen Haltung und neuen Überzeugungen, evtl. zu Sätzen wie "Ich weiß nun, wie dieses Seminarthema gut läuft." oder "Ich kenne das richtige

Erfolg führt zu neuen Überzeugungen

Verhalten und Vorgehen." Damit verschwand beim zweiten Seminar das Lampenfieber. Ich beobachtete nicht mehr aufmerksam, welches Vorgehen der neuen Gruppe angemessen war. Statt dessen stülpte ich blind und stur die einmal erfolgreich gewesenen Methoden dieser ganz anders strukturierten Gruppe über.

Flexibel auf jede Gruppe einstellen

Die Flexibilität war verloren gegangen. Erst als der Streß zu groß wurde, gewann ich sie am Nachmittag wieder. Ich änderte mein Vorgehen und berücksichtigte die Erfordernisse der konkreten Situation. So wurde ich wenigstens einem Teil der Teilnehmer gerecht.

GRUNDSATZ
Flexibilität ist die wichtigste Trainerqualität.

Trainerin Braun trainiert einen Monat lang die verschiedenen Gruppen des Außendienstes einer Vertriebsfirma. In der ersten Woche hat sie eine Gruppe, bei der fast alle Teilnehmer Anfänger sind. In der folgenden Woche trifft sie auf eine Gruppe, in der die "alten Hasen" dominieren und den Ton angeben.

Erfolgreich durch Flexibilität

Trainerin Braun wird umso erfolgreicher sein, je flexibler sie sich auf die unterschiedlichen Gruppen einstellt. Dabei ist eine Vielzahl von Dingen wichtig: die Art der Sprache, die Methoden (Gespräche, Übungen, Lehrstoff), der Führungsstil (wieviel Kollegialität - wieviel Autorität?), die Klarheit der Vorschläge usw. usw. Diese Vielfalt setzt sie je nach Situation angemessen und stimmig ein.

Dabei genügt es nicht, lediglich ein großes Repertoire zu besitzen. Denn dann würde jemand schon dadurch ausgezeichnet trainieren, daß viele methodische Ansätze und Varianten in einem Trainerkolleg erlernt werden. Entscheidend ist vielmehr, wie "flüssig" ein Trainer ist. Damit meine ich, wie sehr er "fließen" kann von Intervention zu Intervention und wie schnell er sich auf neue Situationen einstellen kann. Denn es gibt keine zwei gleichen Situationen!

Reicht ein großes Methoden-Repertoire?

Wichtige Voraussetzungen, um das erfolgreich zu tun, sind geschulte Wahrnehmung und Aufmerksamkeit.

Geschulte Wahrnehmung und Aufmerksamkeit

Der Trainer sieht und hört genau hin. Er beobachtet kleine und kleinste Reaktionen und Veränderungen in Haltung, Gestik und Mimik bei den Teilnehmern. Er schult sein Ohr, um den unterschiedlichen Tonfall und die damit verbundenen emotionalen Schwingungen zu hören. Er achtet darauf, ob es ihm gelungen ist, sich so weit auf die Teilnehmer einzustellen, daß sie sich ein Stück weit in das Neuland, das er ihnen zeigen will, mitnehmen lassen. Durch direkte Wahrnehmung der Seminarsituation holt er sich ständig Feedback, ob er das Seminarschiff in eine gute Richtung steuert.

Direkte Wahrnehmung der Seminarsituation

Allerdings ist es nicht immer erforderlich, Augen und Ohren wie ein Luchs zu besitzen. Es gibt ein einfaches Mittel, um festzustellen, ob die Richtung stimmt: Fragen Sie! Fragen Sie immer wieder nach, ob Sie mit Ihrem Vorgehen die Teilnehmer erreichen!

FRAGE

**Wie häufig prüfen Sie in einem Training nach, welche Bedürfnisse und Erwartungen Ihre Teilnehmer haben und ob Sie sie erfüllen?
Am Anfang des Seminars?
Am Ende des Seminars?
In der Seminarmitte bei "Halbzeit"?**

Je häufiger Sie sich dieses Feedback holen, desto weniger können Sie mit Ihrer Seminargestaltung völlig danebenliegen und desto zufriedener werden Ihre Teilnehmer am Ende sein!

Gefahren des Erfolgs

Jeder Trainer/ jede Trainerin wird die Methoden, die Erfolg haben, immer wieder einsetzen. Arbeitet ein Trainer allein, wird sich deshalb sein Repertoire nach einer Einarbeitungsphase nur sehr langsam oder gar nicht mehr erweitern. Der eine Trainer arbeitet dann hauptsächlich mit Rollenspielen, der andere läßt Fälle bearbeiten, der dritte zieht den Vortrag mit visueller Unterstützung vor.

Bei dem einen Trainer werden die Teilnehmer dann vielleicht mit viel neuem Wissensstoff aus dem Seminar kommen, beim anderen ihr altes Verhalten kritisch betrachten, beim dritten eine Menge Verhaltensanregungen bekommen haben. Der Trainer, der keine Vergleiche mit anderen Kollegen hat, wird die erzielten Ergebnisse seines Seminars für selbstverständlich halten.

Perfektionismus schafft Mauern

Er wird seine erfolgreichen Wege weitergehen - und dieser Erfolg setzt gleichzeitig seinem zukünftigen Erfolg die Grenzen! Denn das Bestreben geht dahin, den erfolgreichen Weg immer perfekter zu gehen. Perfektionismus errichtet innere Mauern, die die eigene Flexibilität und Kreativität behindern. Wenn Sie perfekt sein wollen, suchen Sie die jeweils einzig richtige, eben die perfekte, Lösung zu treffen. Sie bewerten Verhalten mit den zwei extremen Kategorien "richtig" und "falsch". Damit verhindern Sie eine Experimentierhaltung. Der Mut zum Experimentieren aber ist eine zwingende Voraussetzung für Flexibilität!

> **GRUNDSATZ**
> **Wer nicht experimentiert, kann nicht flexibel werden.**

Spitzensportler stoßen bisweilen an eine Grenze ihres Leistungsvermögens, die aus nicht optimalen Bewegungsabläufen herrührt. Wenn jetzt ein Trainer kommt und sie an neue Bewegungsabläufe heranführt, müssen Sie erst einmal ihr altes Muster loslassen. Gleichzeitig beherrschen sie die neuen Bewegungen noch nicht. Zwangsläufig werden sie in ihren Leistungen erst einmal schlechter als vor der Umstellung. Erst nach einiger Zeit können sie wieder an ihre alten Leistungen anknüpfen - und dann ihren früheren Leistungsstand übertreffen. Scheuen Sie sich also nicht, beim Experimentieren Fehler zu machen. Nur so werden Sie besser!

Fehler bringen auch weiter

> **ANREGUNG**
>
> **Erweitern Sie Ihr Repertoire und Ihre Flexibilität:**
> **Probieren Sie in Ihrem nächsten Seminar etwas aus, was Sie so noch nie gemacht haben!**

2. 3. Die eigenen Grenzen erweitern

Die bisherige Darstellung zeichnet ein ehrgeiziges Bild des Trainers:

Das ehrgeizige Trainerbild

- Jemand, der gleichzeitig sprachgewandt, methodenreich, flexibel, entspannt und einfühlsam ist.

- Jemand, der ein kompetenter Fachmann für den Lern- und Entwicklungsprozeß der Teilnehmer ist.
- Jemand, bei dem alle Fäden zusammenlaufen und der gleichzeitig die Teilnehmer dabei unterstützt, die eigenen Ressourcen einzusetzen.

An die eigenen Grenzen stoßen

Ab und zu, in Sternstunden, leben wir dieses Verhalten. Häufig aber erleben wir, daß unsere alltägliche Praxis diesen hohen Maßstäben nicht entspricht. Immer wieder stoßen wir an unsere fachlichen und menschlichen Grenzen. Da widerspricht ein Teilnehmer und treibt uns mit seiner aggressiven Art innerlich zur Weißglut. Da entsteht plötzlich eine Auseinandersetzung zwischen mehreren Anwesenden und wir finden uns überfordert, sie aufzulösen.

Schwierigkeiten als Chancen

So gibt der "rauhe" Alltag ständig Gelegenheit, die eigenen Fähigkeiten zu erweitern. Jede Schwierigkeit bietet uns eine Chance, nämlich die Chance, durch ihre Bewältigung dazuzulernen und besser zu werden.

Wie gehen wir als Trainer mit Rückschlägen und mit unseren eigenen Begrenzungen um? Wie können wir die Hindernisse nutzen, um an ihnen zu wachsen?

Ein Beispiel aus dem Alltag:

Ein äußerst schwieriger Auftrag

Einer meiner schwierigsten Aufträge war ein Seminar mit Maschinenführern, die sich an drei Nachmittagen im Abstand von einer Woche für den Umgang mit ihren Mitarbeitern fortbilden sollten. Die Maschinenführer bedienten zusammen mit zwei oder drei Hilfsarbeitern komplizierte teure Druckmaschinen. Ihre Aufträge erledigten sie im

Lärm, in der Hitze und unter ständigem Zeitdruck. "Mitarbeiterführung" war ihnen als Thema völlig neu.

Bei Seminarbeginn saßen sie passiv und etwas mißtrauisch im Nebenraum einer Gaststätte und warteten auf das, was auf sie zukam. (Eine Haltung, die ich durchaus verstehen konnte.)

Mein üblicher Arbeitsstil besteht darin, die Teilnehmer stark einzubeziehen und sie bei ihren Interessen "abzuholen". Er versagte. Denn die Teilnehmer warteten einfach geduldig, was ich ihnen zu vermitteln hätte. Schließlich verwendete ich den ersten Nachmittag darauf, das Thema "Anerkennung" zu besprechen, worauf ich eine Entspannungsübung und einen ersten Kontakt mit inneren Bildern anschloß. Hinterher war ich erschöpft und unzufrieden.

Die gewohnte Methode versagt

Genauso zäh und ohne große Beteiligung der Teilnehmer verlief der zweite Nachmittag zum Thema "Konflikte". Ich wurde langsam verzweifelt: Einmal, weil ich mit dem mir vertrauten Seminarstil scheiterte und zum anderen, weil ich das Gefühl hatte, speziell wegen meiner NLP-Kenntnisse diesen Auftrag erhalten zu haben. Ich sah mich aber nicht im geringsten in der Lage, irgendwelche großartigen Erfolge zu erzielen. Allmählich bekam ich einen Horror vor dieser Gruppe und dem dritten Nachmittag, der noch ausstand. Was tun?!

Als Trainer scheitern?

Wahrscheinlich erinnert sich jeder Trainer an vergleichbare Erlebnisse. Das Seminar läuft zäh, die Teilnehmer haben keine Lust, der bewährte Stil versagt, der eigene Schwung versiegt. Selbst jahrelange, höchst erfolgreiche Arbeit verhindert nicht, daß solche Situationen auftauchen.

Mit Fehlschlägen umgehen

Wie gehen wir mit solchen Situationen um? Wie können wir uns selbst helfen?

Bei meinen Schwierigkeiten mit den Maschinenführern erwies sich folgendes Vorgehen als hilfreich:

In der Woche vor dem letzten Seminarabschnitt nahm ich mir eine Stunde Zeit und analysierte die Situation und meine Unzufriedenheit. Ich fand zwei wichtige Elemente:

Neue Wege gehen

Da war zum einen die ernüchternde Einsicht, daß mein gewohnter Stil für diese Gruppe wenig geeignet war. Zum anderen kam dazu der Erwartungsdruck an mich als NLP-Trainer, dem ich mich ausgesetzt fühlte.

Erwartungen abklären

Ich entschloß mich zu folgenden zwei Schritten. Zunächst rief ich den zuständigen Weiterbildungsleiter an, um mit ihm über seine Erwartungen und meine Möglichkeiten zu sprechen. Dabei löste sich das Problem auf überraschende Weise: Ich erreichte zunächst den Weiterbildungsleiter nicht und berichtete statt dessen der mir bekannten Sekretärin von den geringen Fortschritten der Maschinenführer. Sie meinte ganz locker: "Aber das wissen wir doch, daß diese Arbeit Zeit braucht." Von einem Moment auf den anderen verschwand mein innerer Leistungsdruck.

Das Gespräch mit Trainerkollegen nutzen

Das Thema "Seminarstil" besprach ich mit einem NLP-Kollegen. Wir arbeiteten daran, wie ich noch mehr meine Ressourcen einsetzen und mich flexibler auf die Teilnehmer einstellen könnte. Ganz klar ergab sich, daß ich bestimmter, "autoritärer" vorgehen mußte.

Der dritte Nachmittag verlief erfolgreich. Ich forderte die Teilnehmer mehr und verlangte ihre Mitarbeit. Gleichzei-

tig dozierte ich passagenweit und vermittelte mehr Lernstoff als üblich. Die Teilnehmer und ich waren damit zufrieden.

Schwierige Situationen lassen sich bewältigen, indem wir uns mit ihnen auseinandersetzen und die Lernmöglichkeiten darin entdecken. Analyse bringt Abstand und Überblick.

| Schwierige Situationen bewältigen

Was sind die Ursachen der Situation? Welche äußeren Umstände sind wichtig? Welche inneren Faktoren, welche mentalen und emotionalen Umstände spielen bei mir und den anderen Beteiligten eine Rolle? Das vage Gefühl des Versagens wird auf seine konkreten Ursachen zurückgeführt, und damit ist Handeln möglich.

Eine weitere wichtige Möglichkeit ist das Abklären der Situation (Erwartungen, Komplikationen, Grenzen) mit den Betroffenen, wie im vorliegenden Fall mit dem Auftraggeber. Ein solches Gespräch mag unangenehm sein. Aber nur, wenn ich es führe, verschwindet die Belastung.

| Situationen abklären

Wir können selbst vergangene Fehlschläge nutzen, um neue Methoden zu erlernen und unsere Flexibilität zu erweitern. Trügerisch ist der Weg, sie möglichst rasch zu vergessen und zu verdrängen. Aber in trüben Stunden tauchen sie dann als Beweis auf, daß wir im Grunde genommen für bestimmte Themen, bestimmte Gruppen oder für unseren Beruf insgesamt nicht geeignet erscheinen.

Im folgenden möchte ich eine einfache Technik zum Nachbereiten von Fehlschlägen vorstellen. Nehmen Sie einen Fehlschlag, der Ihnen noch im Magen liegt, und probieren Sie die Methode gleich selbst aus.

| Fehlschläge nachbereiten

139

Aufgabe/Methode
NACHBEREITEN SCHWIERIGER SITUATIONEN

1. Denken Sie an eine Situation, mit der Sie im nachhinein unzufrieden sind und die Sie als Fehlschlag betrachten.

2. Notieren Sie auf ein Blatt Papier alle möglichen Gründe, die zu dem Fehlschlag geführt haben.

3. Gehen Sie in die Zukunft! Wenn die gleiche Situation wieder käme – wie könnten Sie sie erfolgreich bewältigen?

4. Malen Sie sich genau Ihr neues Verhalten in der Zukunft aus.

Wirkungen der Nachbereitung

Diese Methode zeigt erstaunliche Wirkungen: Das unangenehme Gefühl, das uns bisher im Magen gelegen hat, verschwindet. Wir gewinnen die Sicherheit, daß wir aus dem Fehler gelernt haben und sind gut vorbereitet auf ähnliche Situationen.

Eigener Leistungsanspruch als Ursache von Unzufriedenheit

Aber es gibt noch eine andere wichtige Ursache von Unzufriedenheit: der eigene Leistungsanspruch. Manchmal läuft äußerlich alles bestens. Vorgesetzte, Auftraggeber, Kollegen, Teilnehmer und Mitarbeiter, jeder scheint zufrieden. Nur uns selbst genügt unsere Arbeit nicht und wir sind unzufrieden.

Jeder möchte der Beste sein

Natürlich möchte jeder gern der Größte, der Beste und der Erfolgreichste sein. Hängt man zu sehr an dieser Idealvorstellung, dann sind ständige Frustrationen vorprogrammiert. Es werden ständig "Ent-Täuschungen" erfolgen. Denn mit der

Idealvorstellung sind Täuschungen über die eigene Person verknüpft.

Um die Enttäuschungen zu verhindern, wird häufig ein übermäßiger Leistungsdruck aufgebaut. Ich stoße, drücke, ziehe und quäle mich, um dem perfekten Idealbild gerecht zu werden. Jemand will diesen Streß, um seiner Realität nicht in die Augen zu sehen.

Der Weg, der von diesem Druck und Streß wegführt, ist einfach, aber nicht leicht: Werden Sie bescheidener! Bauen Sie den eigenen hohen, manchmal übermenschlichen Anspruch an sich auf ein realistisches Maß ab. Sie müssen nicht alles können und immer hundertprozentig perfekt sein!

Werden Sie "bescheidener"

Diese Gedanken habe ich in Situationen genutzt, in denen ich mit dem ersten Seminar bei einem neuen Seminarthema oder einer neuen Zielgruppe unzufrieden war.

Zunächst erinnerte ich mich, um in einen ressourcevollen Zustand zu kommen, an erfolgreiche Seminare mit anderen Gruppen. Dann sagte ich mir: "Ich m u ß nicht mit jedem Thema oder mit jeder Gruppe arbeiten können! Ich will aber noch einen zweiten Versuch riskieren, um es wirklich zu wissen. Dann entscheide ich, ob ich dieses Thema in Zukunft besser lasse." Mit diesem Gedanken im Hinterkopf klappte mein zweiter Anlauf erheblich besser.

Das "Muß" entschärfen

Bescheiden zu sein, bringt einen weiteren großen Vorteil für Sie als Trainer: Sie haben eine Menge Erfolgserlebnisse.

Weil Sie bescheiden sind, nehmen Sie auch kleine Veränderungen bei Ihren Teilnehmern mit Genugtuung wahr. Sie schätzen jeden kleinen Entwicklungsschritt und freuen sich daran. Mit dem Ergebnis, daß Sie Ihre Teilnehmer damit anstecken, so daß auch diese geduldiger und verständnisvoller mit sich selbst umgehen. Damit werden eine Fülle von Ressourcen wach.

FRAGE

In welchen Bereichen wäre es für Sie erleichternd, bescheidener zu werden?
Welchen Anspruch an sich selbst müßten Sie dazu aufgeben?
Was ist der Preis, wenn Sie diesen Anspruch weiterhin aufrechterhalten?

Persönlichkeit als wichtges Instrument

Die eigene Persönlichkeit ist für jemanden, der professionell mit Menschen arbeitet, letztendlich das wichtigste "Instrument". Wenn Sie Trainer sind, verfeinern Sie dieses Instrument, indem Sie an ihrer eigenen Entwicklung arbeiten.

Dabei ist Ihr eigenes Herz eine der größten Kraftquellen. Je mehr Sie die Menschen, mit denen Sie Ihre Seminare durchführen, mögen, desto leichter wird Ihre Arbeit und desto mehr werden Sie Ihren Teilnehmern geben können. Alles, was Sie menschlich reicher macht, ist dafür eine Unterstützung.

Die Auseinandersetzung mit sich selbst

Ein Teil dieser Entwicklung ist es, die eigenen negativen Seiten, die "Schatten", anzuschauen - sonst werden sie immer wieder das Verhältnis zwischen Ihnen und Ihren Teilnehmern belasten. Deshalb ist die kontinuierliche Auseinandersetzung mit sich selbst durch Supervision, Coaching und Fortbildungen notwendig und auch die eigene Therapie sinnvoll.

3. Das Seminarklima

Während bisher praktische Möglichkeiten gezeigt wurden, Seminare erfolgreich zu gestalten, möchte ich zum Schluß des Buchs das Augenmerk auf ein eher vages Phänomen richten: das Seminarklima.

Das dreitägige Führungstraining eines mittelständischen Unternehmens geht zu Ende. Der Trainer hat das Seminar genau geplant und vorbereitet. Trotz dieser Vorarbeit läßt sich das Ergebnis nie sicher voraussagen. Es könnte zum Beispiel so sein:

Die Stimmung im Seminar

Gereizte
Atmosphäre

Drei Tage später bei der Abschlußbesprechung.
Trainer und Teilnehmer sind unzufrieden. Die Stimmung ist gereizt. Viele scheinen nur auf einen kleinen Anlaß zu warten, um ihren Ärger loszuwerden. Keiner hat mehr Lust. Einige haben ganz abgeschaltet, hocken lethargisch da und lassen alles über sich ergehen.

Der Trainer denkt daran, den Beruf zu wechseln, falls er noch häufiger solche schwierigen Gruppen bekommt. Er ist angespannt und körperlich geschafft. Jetzt nur noch Ohren steif und das Abschlußfeedback überstehen - und dann nichts wie ab und nach Hause.

Oder auch so:

Gelöste
Atmosphäre

Drei Tage später vor der Abschlußbesprechung.
Trainer und Teilnehmer sind zufrieden. Die Stimmung ist heiter und gelöst. Die Teilnehmer haben die Tage genossen und nehmen eine Menge neuer Eindrücke und Ideen mit. Sie freuen sich darauf, wieder heimzukommen und sind gleichzeitig gespannt auf den nächsten Arbeitstag, ob und wieviele Seminarinhalte sich auch wirklich in ihrer Praxis bewähren. Viele wissen genau, was sie ausprobieren oder ändern wollen.

Der Trainer ist entspannt und gelöst. Er ist zufrieden mit den Resultaten. Schade, daß der Folgetermin in weiter Ferne liegt. Er würde nämlich gern wissen, wie die einzelnen ihre Ziele anpacken und was sie dabei erreichen.

Die Wichtigkeit
des Seminar-
klimas

Zwei Seminare, die sich vor allem in einem wesentlichen Punkt unterscheiden: dem Seminarklima. Das Seminarklima ist leichter zu fühlen als detailliert zu beschreiben. Es setzt sich wie ein Mosaikbild aus vielen kleinen Einzelbeobachtungen zusammen, aber die neue und starke Wirkung ergibt sich aus dem Gesamtbild der vielen kleinen Farbtupfer. Wir alle haben innere Barometer, die uns sensibel für die positive oder negative Gruppenatmosphäre sein lassen.

Wenn NLP von Rapport, dem guten Kontakt, spricht, dann ist meist der Bereich zwischen zwei Personen gemeint. Das kann die Führungskraft sein, die beim Mitarbeitergespräch auf die Sorgen des Mitarbeiters eingeht. Das kann der Verkäufer sein, der die Bedürfnisse des Kunden erfragt oder der Berater, der sich im Coaching mit seiner Haltung auf sein Gegenüber einstellt.

Guten Kontakt herstellen - Rapport

Der Begriff Rapport greift jedoch in der Beschreibung eines guten Seminars nicht vollständig. Meiner Erfahrung nach entsteht in einem guten Seminar ein Phänomen, für das ich keinen besonderen Fachbegriff kenne und das ich deshalb einfach "gutes Seminarklima" nenne. Ein solches gutes Klima ist wie ein Energiefeld, in dem sich Trainer und Teilnehmer gleichermaßen befinden. Seine Wirkung reicht über den bloßen guten Kontakt zwischen Trainer und dem einzelnen Teilnehmer weit hinaus. Trainer und Teilnehmer bereichern sich untereinander in vielfältiger Weise. Jetzt muß nicht mehr der Trainer den Großteil der Arbeit initiieren - sie geschieht wie von selbst.

Gutes Klima als Energiefeld

Manche Trainer erkennen nicht ausreichend die Bedeutung des Seminarklimas. Deshalb sehen, hören und spüren sie nicht, in welch hohem Ausmaß sie das Seminarklima beeinflussen. Erinnern Sie sich an das Kapitel über die erste Stunde im Seminar!

> **ANREGUNG**
>
> **Entwickeln Sie Ihre Antennen für das Seminarklima!**

Fragen Sie sich häufiger in Seminaren, wie die momentane Stimmung ist. Schauen Sie sich dabei um! Wie sind die Gesichter der Teilnehmer? Entspannt? Angespannt?

Wie sind die Pausengespräche? Locker mit Witz und Humor? Sind die Scherze witzig oder bissig? Gibt es Spannungen zwischen Ihnen und einzelnen Teilnehmern oder untereinander zwischen den Teilnehmern?

Das Klima pflegen

Eine wesentliche Aufgabe für einen Trainer besteht darin, dieses Klima zu pflegen. Das heißt, daß Sie ein Seminar optimal vorbereiten und sich dann bemühen, jedem Teilnehmer gerecht zu werden. Denn ein gutes Seminarklima erfordert eine Menge Vorarbeit, aber dann ist es doch wieder wie ein überraschendes Geschenk. Durch Unachtsamkeit läßt es sich leicht zerstören.

Wenn ein Trainer sich nicht auf das Seminar-Klima einstellt

Mit einem Kollegen zusammen leite ich ein Seminar zum Thema Streßbewältigung. An einem Nachmittag führe ich eine Entspannungsübung durch. Der Kollege sitzt während der Übung neben mir und liest in einer Zeitung. Nach der Übung tauchen die Teilnehmer langsam wieder aus der Entspannung auf.

Die ersten Kommentare zu der Übung klingen anders als bisher. Was gesagt wird, ist offener und persönlicher. Die Stimmen sind etwas tiefer und das Sprechtempo ist langsamer. Auch ich spreche von ganz allein in ähnlichem Rhythmus und Tonfall.

Als mein Kollege seinen ersten Satz sagt, wirkt es wie eine kalte Dusche. Der Inhalt ist analytisch und seine Stimme klingt fremd und störend. Innerhalb von wenigen Sekunden ist die momentane Atmosphäre zerstört und wir sind uns wieder ein Stückchen fremder.

Aber jeder Trainer kennt noch andere Wege, wie das Klima gestört wird. Nichts ist so hinderlich für ein Seminar, wie Teilnehmer, die so wichtig sind (oder besser: sich so wichtig fühlen), daß sie immer erreichbar sein oder auch vom Seminar aus ihre Geschäfte weiterführen müssen. Die aufkommende Arbeitsatmosphäre, die Konzentration auf die aktuell im Seminar behandelten Themen werden jedes Mal gestört. Das Gleiche gilt aber auch für Sie als Trainer!

Störungen während des Seminars

Am letzten Tag eines Seminars findet ein intensives Gespräch in Kleingruppen über neue Wege nach dem Seminar statt. Ich sitze im Seminar, als ich den dringenden Anruf eines Kunden bekomme. Für 10 Minuten setze ich mich in der nächsten Pause telefonisch mit ihm und seinen Problemen auseinander. Energiegeladen komme ich in den Seminarraum zurück. Aber als ich das Gespräch weiterführen will, merke ich, wie mühsam dieser plötzliche Wechsel für mich ist. Ich brauche einige Minuten Zeit, um mich wieder auf die Teilnehmer einzustellen.

Plötzliche Wechsel sind mühsam

Jeder Trainer kennt Unterbrechungen, die sich nicht vermeiden lassen. Aber: Die Qualität der aktuellen Arbeit im Seminar wird durch solche Unterbrechungen behindert. Eine einfache und sinnvolle Entscheidung ist es deshalb, für die Dauer eines Seminars sich ganz dem Seminar zu widmen.

Die Konzentration auf das Seminar

> **ANREGUNG**
>
> **Stoppen Sie für die Dauer eines Seminars alle anderen beruflichen Aktivitäten. Konzentrieren Sie sich ganz auf Ihr Seminar.**

Für mich gilt, daß Seminare zu Bereichen meiner Arbeit als Trainer gehören, die ich am meisten genieße. Ich bringe mich aber um den gegenwärtigen Genuß, wenn ich mit dem Kopf zwischendurch schon zum nächsten Seminar wandere.

Trainer entwickelt Seminarklima mit

Je mehr Sie als Trainer an der Entwicklung des Seminarklimas teilnehmen, desto stärker werden Sie selbst von diesem Klima getragen - und desto weniger werden Sie zum Störfaktor dieses Klimas.

Für meine Arbeit habe ich herausgefunden, daß es hilfreich ist, wenn ich mich mit den Teilnehmern, z. B. bei Kleingruppenarbeiten, im gleichen Raum aufhalte. Allerdings darf ich mich auch nicht durch irgendeine Tätigkeit, die vom Seminar wegführt, wie Planung des nächsten Seminars oder auch nur Zeitunglesen ablenken.

Trainerverhalten ist eine eine Sache des Temperaments

Es ist Temperamentsache, ob ein Trainer durch alle Kleingruppen zieht und überall ein bißchen hört oder mitmischt. Ich selbst habe das als Teilnehmer oft störend empfunden, und deshalb lasse ich es meist sein. Statt dessen sitze ich auf meinem Stuhl im Raum, schaue zu den Kleingruppen und komme auf Zuruf oder um nachzufragen, wie weit die Gruppe in ihrer Arbeit ist.

Positives Seminarklima – Voraussetzung + Ergebnis

Das positive Seminarklima ist gleichzeitig Ergebnis wie Voraussetzung eines erfolgreichen Seminars. Je entspannter und wohltuender das Seminarklima ist, desto weiter reichen die Wirkungen der Inhalte. In einer solchen Atmosphäre lösen selbst kleine Übungen bei den Teilnehmern eine große Wirkung aus. Jeder ist bereit, sich selbst ein Stück mehr anzuschauen und Wahrnehmungen, die normalerweise im Alltag überspielt werden, zuzulassen. Wichtige persönliche Einsichten müssen nicht erarbeitet werden. Sie geschehen von allein.

Dabei kann meiner Erfahrung nach der Trainer ein solches gutes Klima *nicht* bewußt schaffen und erarbeiten.

Alle Voraussetzungen schaffen

Was Sie als Trainer tun können, ist: Beseitigen Sie alle Ihnen bewußten Hindernisse. Schaffen Sie alle in Ihrer Macht stehenden Voraussetzungen. Geben Sie Ihr Bestes und sorgen Sie für das Seminar und die Seminarteilnehmer.

Es ist wie die Tätigkeit eines Gärtners, der den Boden lockert, aussät, die jungen Pflanzen gießt und das Unkraut jätet. Der Gärtner ist nicht derjenige, der die Pflanzen wachsen läßt, aber er trägt dazu bei.

Durch Ihre Arbeit in diesem "Garten" ermöglichen Sie es, daß die Pflanzen wachsen können. Genießen Sie diese Arbeit und erlauben Sie sich immer wieder die Freude über alles, was durch Ihr Zutun blüht und gedeiht.

Literaturverzeichnis

Blickhan/Blickhan
Denken, Fühlen, Leben. Vom bewußten Wahrnehmen zum kreativen Handeln
Landsberg: mvg 1989.
Eine einfache und für jedermann brauchbare Einführung in die Grundlagen.

Laborde G.
Kompetenz und Integrität. Die Kommunikationskunst des NLP
Paderborn: Junfermann 1991
Eine umfassende, anschauliche Einführung in die Kommunikationstechniken.

Loehr J.
Persönliche Bestform durch Mental-Training
München: BLV 1988
Spannende Beispiele aus der Welt der Spitzensportler.

Mohl A.
Der Zauberlehrling. Das NLP Lern- und Übungsbuch
2. Aufl., Paderborn: Junfermann 1993
Empfehlenswertes Buch mit Übungen.

O'Connor/Seymour
Neuro-Linguistisches Programmieren: Gelungene Kommunikation und persönliche Entfaltung
Freiburg: VAK 1992
Sehr gelungene, umfangreiche Einführung in das gesamte NLP.

Ulsamer B.
Erfolgstraining für Manager. Ihr Mentalkurs zur Spitzenleistung
Düsseldorf: Econ 1992
Praxisnahe Einführung und Arbeitsbuch für NLP und Selbstmanagement.

Ulsamer B.
Exzellente Kommunikation mit NLP. Erfolgsfaktoren des Neuro-Linguistischen Programmierens für Führungskräfte
4. Aufl., Offenbach: GABAL 1996
Praktische Einführung in die wichtigen Grundhaltungen des NLP.

Ulsamer/Blickhan
NLP für Einsteiger
8. Aufl., Offenbach: GABAL 1995
Die knappste als Buch erhältliche Einführung in die NLP-Grundlagen. Einfach und verständlich.

Kassettenprogramm mit Entspannungs- und NLP-Techniken:

Ulsamer B.
PLS Erfolgstraining. Das mentale Training für Ihren beruflichen und privaten Erfolg.
Offenbach: GABAL 1993

Empfehlenswerte Entspannungsmusik:

Musik von Kitaro, z. B. Silk Road u. a.
Musik von Deuter, z. B. Henon u. a.
Sandhan: "Times of Celbration"
Weitere Titel finden Sie im Programm des Jünger Verlages

Dr. Bertold Ulsamer führt eine spezielle NLP-Practitioner- und Master-Weiterbildung nur für Trainer durch.

Die Weiterbildung ist für Trainer bestimmt, die bereits als angestellte oder freie Trainer Seminare und Schulungen in der Wirtschaft durchführen (Führung, Teamarbeit, Verkauf, Zeitmanagement, Selbstmanagement usw.).

Ziele der Weiterbildung:

Die teilnehmenden Trainer lernen, wesentliche Methoden, didaktische Ansätze und Inhalte des NLP einzusetzen. Sie wecken, fördern und nutzen gezielt die Lernbereitschaft ihrer Teilnehmer. Wirksam regen sie Schritte zu neuem Denken und Handeln an.

Sie gestalten als Trainer Ihre eigenen Seminare erfolgreicher, angenehmer und entspannter - sowohl für die Teilnehmer wie auch für sich selbst.

Rahmen:

Die Ausbildung wird nur *firmenintern* durchgeführt.

Die Dauer für beide Stufen beträgt jeweils 12 Tage, die regelmäßig in drei bis vier Seminaren aufgeteilt werden. Der Zeitraum liegt zwischen einem und zwei Jahren.

- Wenn Sie Fragen zu der Weiterbildung NLP für Trainer haben,
- wenn für Sie eine Zusammenarbeit im Bereich der

Personal- und Organisationsentwicklung in Betracht kommt,

- wenn Sie firmenintern Seminare aus den Bereichen Führung, Teamarbeit, Verkauf und Selbstmanagement durchführen wollen,
- wenn Sie Fragen zu persönlichem Coaching haben,

wenden Sie sich bitte an:

Dr. Bertold Ulsamer
Ulsamer Unternehmensberatung
Zasiusstr. 75
D-79102 Freiburg

Tel. 07 61 / 70 64 77
Fax. 07 61 / 70 64 56

Dr. Bertold Ulsamer
PLS **Erfolgstraining**
3 Toncassetten und Anleitungsheft

Trainieren Sie Ihren Erfolg auf entspannte und angenehme Weise mit 3 Toncassetten zuhause oder auch unterwegs.

ISBN 3-89444-074-0

Kostenlos erhalten Sie unseren Gesamtkatalog über Sprachenlernen, Zeitplanung, Rhetorik und vieles mehr.

GABAL - Verlag
Auslieferung: JÜNGER SERVICE
Schumannstr. 161
63069 Offenbach
Tel. (069) 84 00 0 30
Fax (069) 84 00 03 33

GABAL Business-Bücher aus der Praxis für die Praxis

Beruf & Karriere

Josef W. Seifert
Besprechungs-Moderation
Mit neuer Technik effektiv leiten, erfolgreich teilnehmen, Zeit sparen
88 Seiten, A5
viele Illustrationen
DM 24,80/öS 194/sFR 24,80
ISBN 3-923984-93-6

Lothar J. Seiwert
Selbstmanagement
Persönlicher Erfolg, Zielbewußtsein, Zukunftsgestaltung
80 Seiten, A5
viele Abbildungen
DM 24,80/öS 194/sFR 24,80
ISBN 3-923984-45-6

Josef W. Seifert
Visualisieren, Präsentieren, Moderieren
176 Seiten, A5
viele Illustrationen
DM 29,80/öS 233/sFR 29,80
ISBN 3-930799-00-6

Josef W. Seifert
Gruppenprozesse steuern
Als Moderator Energien bündeln, Konflikte bewältigen, Ziele erreichen
110 Seiten, A5
DM 24,80/öS 194/sFR 24,80
ISBN 3-930799-04-9

Rolf Kraus, Josef W. Seifert
Mitarbeiter-Gruppen
KAIZEN erfolgreich entwerfen, einführen, umsetzen
80 Seiten, A5
viele Abbildungen
DM 24,80/öS 194/sFR 24,80
ISBN 3-923984-94-4

Jacques Boy, Christian Dudek, Sabine Kuschel
Projektmanagement
Grundlagen, Methoden und Techniken, Zusammenhänge
160 Seiten, A5
viele Abbildungen
1 MS-DOS-Diskette 3,5"
DM 39,80/öS 311/sFR 39,80
ISBN 3-930799-01-4

Lothar J. Seiwert
Das neue 1 x 1 des Zeitmanagement
Zeit im Griff, Ziele in Balance, Erfolg mit Methode
128 Seiten, A5, 4farbig
zahlreiche Abbildungen
DM 24,80/öS 194/sFR 24,80
ISBN 3-923984-89-8

Winfried U. Graichen, Lothar J. Seiwert
Das ABC der Arbeitsfreude
Techniken, Tips und Tricks für Vielbeschäftigte
80 Seiten, A5
viele Abbildungen
DM 24,80/öS 194/sFR 24,80
ISBN 3-923984-43-X

Alexander Groflmann
Erfolg hat Methode!
Durch ganzheitliches Selbstmanagement effektiver arbeiten, seine Zukunft gestalten, glücklicher leben
160 Seiten, A5, farb., viele Abb.
DM 29,80/öS 233/sFR 29,80
ISBN 3-930799-03-0

Roth, Seiwert, Stelling, Wagner
Zeitmangement-Methoden auf dem Prüfstand
Management mit Zeitplanbuch, PC und PDA
200 Seiten, A4
DM 35,00/öS 273/sFR 35,00
ISBN 3-923984-88-X

Weston H. Agor
Intuitives Management
Die richtige Entscheidung zur richtigen Zeit
211 Seiten, A4
DM 69,00/öS 538/sFR 69,00
ISBN 3-923984-95-2

**Für weitere Titel fordern Sie bitte unseren kostenlosen Gesamtkatalog an:
GABAL VERLAG, Tel. 0 69/84 00 03-0 oder in Ihrer Buchhandlung.**

Business-Bücher aus der Praxis für die Praxis

Neues Lernen

Persönlichkeitsentwicklung

Vera F. Birkenbihl
Sprachen lernen leicht gemacht!
Die Birkenbihl-Methode: Vokabelpauken verboten, schnelles Anwenden, verblüffend einfach
176 Seiten, A5
viele Abbildungen
DM 29,80/öS 233/sFR 29,80
ISBN 3-923984-49-9

Vera F. Birkenbihl
Stroh im Kopf?
Gebrauchsanleitung fürs Gehirn - vom "Gehirn-Besitzer" zum "Gehirn-Benutzer"
180 Seiten, A5
viele Abbildungen
DM 29,80/öS 233/sFR 29,80
ISBN 3-923984-99-5

Barbara Meister Vitale
Lernen kann phantastisch sein
Kinderleicht, kindgerecht, kreativ
136 Seiten, 265 x 210 mm
viele Fotos und Abbildungen
DM 36,00/öS 281/sFR 36,00
ISBN 3-923984-18-9

Harald Scheerer
Reden müßte man können
Selbstbewußt auftreten, Persönlichkeit einsetzen, Zuhörer begeistern
136 Seiten, A5
viele Abbildungen
DM 24,80/öS 194/sFR 24,80
ISBN 3-923984-38-3

Bertold Ulsamer, Claus Blickhan
NLP für Einsteiger
Einstieg in das Neuro-Linguistische Programmieren
128 Seiten, A5
viele Abbildungen
DM 24,80/öS 194/sFR 24,80
ISBN 3-923984-47-2

Mogens Kirckhoff
Mind Mapping
Einführung in eine kreative Arbeitsmethode
126 Seiten, A4
4-farbige Abbildungen
DM 36,00/öS 281/sFR 36,00
ISBN 3-923984-80-4

Manfred Lucas
Hören - Hinhören - Zuhören
150 Seiten, A5
viele Abbildungen
DM 24,80/öS 194/sFR 24,80
ISBN 3-923984-98-7

Bertold Ulsamer
Exzellente Kommunikation mit NLP
Als Führungskraft den Draht zum anderen finden
152 Seiten, A5, viele Abb.
DM 29,80/öS 233/sFR 29,80
ISBN 3-923984-48-0

Ingemar Svantesson
Mind Mapping und Gedächtnistraining
128 Seiten, A4
4-farbige Abbildungen
DM 36,00/öS 281/sFR 36,00
ISBN 3-923984-81-2

Barbara Meister Vitale
Frei Fliegen
Mut zu mehr Phantasie, Intuition, Chaos
112 Seiten, A5
DM 24,80/öS 194/sFR 24,80
ISBN 3-923984-46-4

Für weitere Titel fordern Sie bitte unseren kostenlosen Gesamtkatalog an: GABAL VERLAG, Tel. 0 69/84 00 03-0 oder in Ihrer Buchhandlung.

JÜNGER GABAL Audio-Selbstlernprogramme

Rudolf Straube
Mehr Erfolg durch Harmonie
Selbstentwicklung der Persönlichkeit
2 Tonkassetten, Arbeitsbuch
ISBN 3-89467-216-1
DM 79,-/öS 553/sFR 79,-

Becker/Schenten
Sich selbst und andere bewegen
Mehr Leistung durch Bewegung
1 Tonkassette, Bewegungsbuch mit Bewegungskarten
ISBN 3-89467-272-2
DM 79,-/öS 553/sFR 79,-

Rudolf Straube
Mehr Lebensfreude durch Streßbewältigung
Rasch und bewußt ein streßfreies und somit effektiveres Leben führen
2 Tonkassetten, Arbeitsbuch
ISBN 3-89467-286-2
DM 79,-/öS 553/sFR 79,-

Bertold Ulsamer
Fit durch mentales Training
Für den beruflichen und privaten Erfolg
3 Tonkassetten, Begleitheft
ISBN 3-89467-132-7
DM 79,-/ÖS 553/sFR 79,-

Mummert + Partner
Entspannt leben
4 Tonkassetten, Begleittext
ISBN 3-89467-128-9
DM 79,-/öS 553/sFR 79,-

Mehr Lebensfreude, Tatkraft und Gesundheit
2 Tonkassetten, Begleitheft
ISBN 3-
DM 49,-/öS 343/sFR 49,-

**Für weitere Titel fordern Sie bitte unseren kostenlosen Gesamtkatalog an.
JÜNGER VERLAG, Tel. 0 69/84 00 03-0 oder in Ihrer Buchhandlung.**

Sprachen lernen mit Superlearning

leicht, schnell, intensiv für Selbstlerner

■ Sie lernen mit Entspannung
Mit dem PLS-System lernen Sie zunächst, sich tief zu entspannen. Das erhöht Ihre Konzentrationsfähigkeit und Aufnahmebereitschaft.

■ Sie lernen mit Musik
Beim PLS Superlearning nehmen Sie den Lernstoff in Form von sogenannten „Lernkonzerten" auf. Hierbei sind die Lerntexte mit klassischer Musik unterlegt. Sie hören erst das aktive und anschließend das passive Lernkonzert.

So kann der Lernstoff direkt in die passiven Speicher Ihres Gedächtnisses einfließen.

■ Sie lernen mit Kreativität
In der „Aktivierungsphase" festigen Sie den Lernstoff auf amüsante und anregende Weise durch spezielle Übungen.
So werden Sie mit der inneren Struktur der Sprache spielend leicht vertraut.

Englisch	**Französisch**
Spanisch	**Italienisch**
Russisch	**Schwedisch**

Einführungskurse für Einsteiger ohne Vorkenntnisse
je 2 Tonkassetten, Lehrbuch, Urlaubsvokabular

Basiskurse Anfänger oder geringe Vorkenntnisse
je 8 Tonkassetten, Lehrbuch, Vokabel- und Trainingsdiskette, Begleitmaterial, Tiefenentspannung, Hörspiele, Lernroman mit Musik, Grammatikübungen

Aufbaukurse Fortgeschrittene mit Vorkenntnissen
je 8 Tonkassetten, Lehrbuch, Vokabel- und Trainingsdiskette, Entspannungstraining, lebendige Hörspiele, 1000 Vokabeln, Redewendungen.

Bitte fordern Sie den Gesamtkatalog an

PLS Sprachen JÜNGER VERLAG, Postfach 10 09 62
63069 Offenbach · Tel. 0 69 / 84 00 03 –21 · Fax –33

Gesellschaft zur Förderung
Anwendungsorientierter
Betriebswirtschaft und
Aktiver
Lehrmethoden e. V

Bundesgeschäftsstelle
Hagedorns Kamp 11
51067 Köln
Tel.: (0221) 680 64 83
Fax: (0221) 680 62 96

GABAL e. V. stellt sich vor

1976 gründeten Praktiker aus Wirtschaft und Hochschule die gemeinnützige GABAL e. V.

Der Vorstand der GABAL e. V. wird beraten durch ein Kuratorium, dem maßgebende Institutionen und Spitzenverbände der deutschen Wirtschaft angehören, z. B. das Institut der deutschen Wirtschaft (IW) in Köln sowie der Deutsche Industrie- und Handelstag (DIHT) in Bonn.

Ihr Nutzen

- Kontakte zu Unternehmen, Multiplikatoren und Kollegen, auch international
- Möglichkeit zur aktiven Mitarbeit in Regionalgruppen sowie regionale Seminarangebote
- Mitgliedersonderpreise für GABAL-Seminare und -Symposien sowie Train-the-Trainer-Seminare
- Sechsmal jährlich kostenfreie Belieferung der Zeitschrift „Wirtschaft & Weiterbildung" incl. der GABAL-Informationsschrift „Impulse"
- Jährlicher Gutschein über 75,- DM für Medien des GABAL-Verlags, darüber hinaus 20% Rabatt auf die GABAL-, PLS,- und JÜNGER-Medien

....

Infoscheck

Ja, ich will GABAL näher kennenlernen und erwarte Informationsmaterial

GABAL e. V.
Bundesgeschäftsstelle
Hagedorns Kamp 11
51067 Köln

per Fax:
(0221) 680 62 96

_____
Name

_____   _____
Straße/Postfach   PLZ, Ort

_____   _____
Telefon   Fax

Bitte heraustrennen oder kopieren